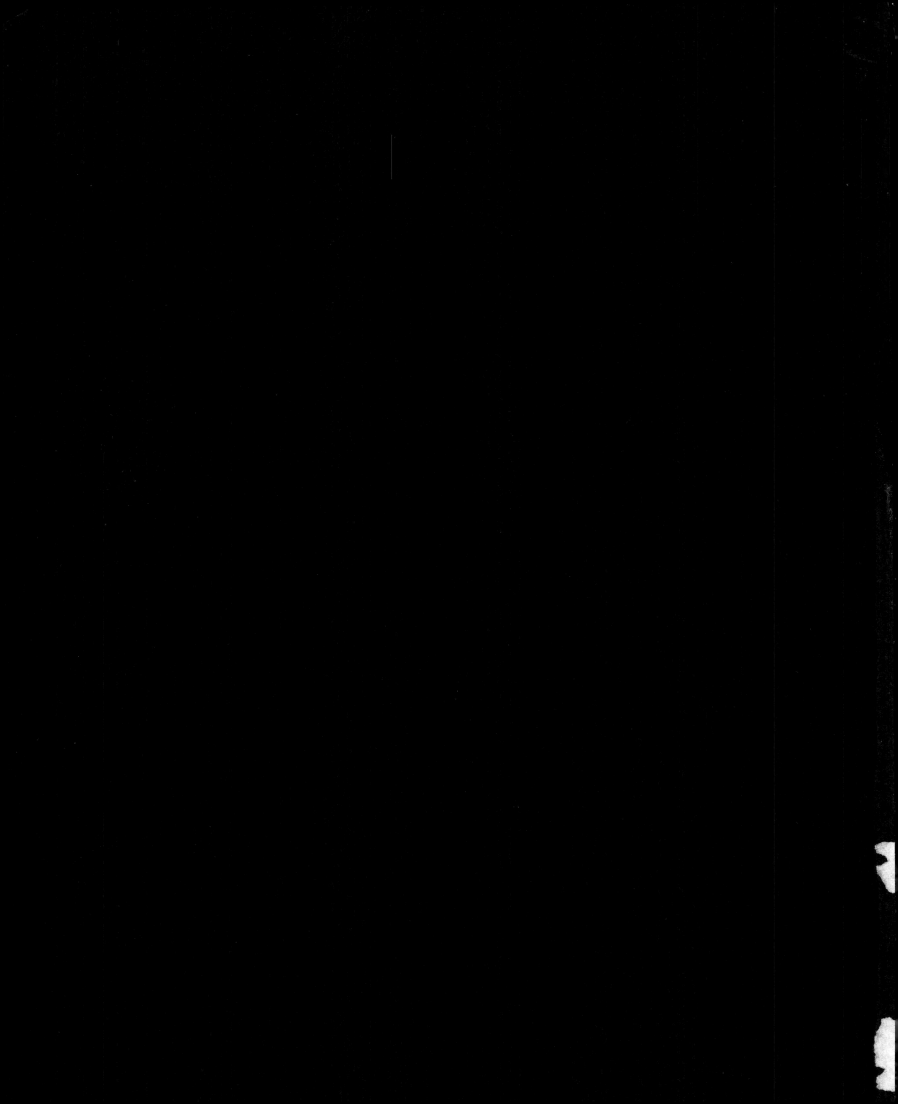

Architrend Architecture
SIMPLE COMPLEXITY

*Ai nostri genitori che ci hanno sostenuto
nel seguire la nostra passione.*

*To our parents, who have supported
us in pursuing our passion.*

INDICE
INDEX

005

Introduzione | Introduction
Nicola Leonardi

036

Villa T
Ragusa, Sicily

052

Giardino Ibleo
Ragusa Ibla, Sicily

068

Villa Carlotta Hotel
Ragusa, Sicily

124

Casa LS
Ragusa, Sicily

138

Casa NL-NF
Ragusa, Sicily

154

MAD
Ragusa Ibla, Sicily

204

Casa FM
Ragusa, Sicily

216

La Madia
Licata, Sicily

228

Alba Palace Hotel
Favara, Sicily

288

Borgo Giallonardo
Giallonardo, Sicily

302

Villa M
Modica, Sicily

314

Villas Don Serafino
Marina di Ragusa, Sicily

Prefazione | Foreword
Andrea Bartoli

012
Intervista | Interview
Gaetano Manganello, Carmelo Tumino

Architrend Office
Ragusa, Sicily

Villa GM
Marina di Ragusa, Sicily

Villa PM
Ragusa, Sicily

Casa LR
Ragusa Ibla, Sicily

Casa CFS
Ragusa, Sicily

Casa Erny
Marina di Ragusa, Sicily

Showroom CH
Comiso, Sicily

Casa B
San Julian, Malta

Casa K
Casuzze, Sicily

Villa Boscarino
Ragusa, Sicily

Urban Stages

Regesto delle opere
Projects panorama

346
Studio Architrend Architecture

Introduzione
Introduction
Nicola Leonardi, Direttore | Managing Editor THE PLAN

Arte estremamente complessa, l'architettura ha la capacità - e la responsabilità - di intervenire e apportare cambiamenti nel mondo in cui viviamo, nelle nostre città e nel territorio.

Gli architetti sono sognatori, visionari che riescono a leggere la realtà immaginando e prefigurando concreti scenari futuri, avendo conoscenza della storia, della cultura, della realtà sociale in cui intervengono con il loro lavoro e con la quale si devono confrontare continuamente in modo proficuo.

Gaetano Manganello e Carmelo Tumino hanno una vera e propria passione per l'architettura e per il mestiere dell'architetto, che vivono intensamente come un mestiere pieno di saperi e, allo stesso tempo, di idealità e di speranza. Lontani dalla presunzione di costruire capolavori, sono animati dalla volontà di contribuire alla bellezza dei contesti in cui operano attraverso un'architettura ben costruita, capace di accogliere e coinvolgere chi andrà ad abitarla.

Formatisi a Firenze, dove si sono laureati con Adolfo Natalini, durante il loro percorso di studi hanno incontrato le teorie di Camillo Sitte riprese dai fratelli Krier, l'architettura della città di Aldo Rossi, gli edifici iconici di Mario Botta e Franco Purini, acquisendo tramite questi insegnamenti una profonda sensibilità sull'importanza della città come contesto dell'architettura.

Nel tempo la loro architettura è andata allontanandosi dall'impostazione rigida degli anni universitari, senza perdere però la passione e la sensibilità nei confronti del luogo, della sua storia e della sua cultura. Hanno lavorato e lavorano perlopiù sul territorio siciliano, in contesti periferici come nei centri storici, attraverso un linguaggio architettonico contemporaneo, chiaro e riconoscibile, che non si fa intimidire ma rispetta profondamente l'identità del luogo.

In questo volume presentiamo il loro percorso con una serie di architetture che testimoniano la loro storia professionale, la passione per l'architettura, l'attenzione e cura per il progetto in ogni dettaglio, la consapevolezza rispetto alla responsabilità del mestiere di architetto.

The art of the extremely complex, architecture has the ability and responsibility to wade in and bring change to the world in which we live, our towns and our communities.

As dreamers and visionaries, architects are tasked with interpreting reality by imagining and pre-figuring tangible future scenarios. This they achieve by drawing on an awareness of the history, culture and social reality of the places where their work is built, continuously and fruitfully coming to terms with these factors. Gaetano Manganello and Carmelo Tumino are truly passionate about architecture and the architect's *métier*. For them, architecture is an intense craft anchored in knowledge, idealism and hope.

Far from the presumption of building masterpieces, they are driven by the desire to add to the beauty of where they work. They achieve this through well-constructed architecture capable of embracing and involving the people who live there. Manganello and Tumino trained in Florence. They graduated with Adolfo Natalini, pursuing a study pathway that brought them into contact with Camillo Sitte's theories (re-interpreted by the Krier brothers), Aldo Rossi's architecture of the city, and Mario Botta and Franco Purini's iconic buildings. Through these teachings, they developed a profound sensitivity for the city as an important architectural context. Without ever foregoing their passion and sensibility for place, history and culture, over the years their architecture has evolved from the rigid approach of their time at university.

They have worked - and continue to work - predominantly on Sicilian soil, in outlying areas and old town centers, creating a clear and recognizable contemporary architectural style, unintimidated by and profoundly respectful of identity of place. This book showcases their career through a series of architectural projects that bear witness to their professional path, passion for architecture, the attentiveness and meticulousness of their projects down to the smallest detail, and their awareness of the responsibility of plying the architects' trade.

Prefazione
Foreword

Prefazione
Foreword
Andrea Bartoli, Farm Cultural Park, Favara

La Bellezza dei Luoghi.
Diventa la Bellezza dei Comportamenti.
Diventa la Bellezza delle Persone.
La Bellezza della Vita.
Lorenzo Reina

Ecco cosa mi è venuto in mente pensando a Gaetano e Carmelo.
Quelle poche parole di uno straordinario Maestro di Bellezza, che con le sue sole mani ha realizzato il Teatro di Andromeda, un capolavoro di meraviglia che sfida e vince il tempo e la perfezione.
Gaetano e Carmelo non sono solo dei fabbricatori di bellezza, degli architetti colti e raffinati, sono delle persone "belle", sono sempre gentili, sempre disponibili e generosi.
Se penso alla Sicilia, in fondo, la prima parola che mi viene in mente è bellezza.
Non è semplicemente la natura, i panorami, le spiagge, il cibo, le belle donne.
È una bellezza creata e voluta dall'uomo.
Nei centri abitati, nelle periferie, nei luoghi difficili, nel paesaggio, come se ci fosse da sempre.
Chiudete un attimo gli occhi e immaginate di trovarvi ai piedi della Piramide di Mauro Staccioli oppure, in un giorno assolato, di essere di fronte alla Finestra sul mare di Tano Festa, nella impareggiabile Fiumara dell'Arte. La Sicilia, la *legacy* di Antonio Presti.
Oppure regalatevi una sorta di caccia al tesoro, entrate anche se non è permesso, nel mondo sospeso di Poggioreale e poi rimettetevi in macchina in direzione Gibellina. Ad un certo punto, dietro una curva troverete il tesoro, il Cretto di Burri.
Non voglio essere partigiano o non del tutto.
È vero, quest'isola magica ha vissuto negli ultimi cinquant'anni anche tutto il contrario di quello che dice Lorenzo, bruttezza di luoghi, bruttezza di comportamenti, bruttezza delle persone.
Quando con mia moglie Flo decidemmo di non trasferirci a Parigi e di continuare a vivere in Sicilia, sentivamo forte la responsabilità nei confronti della nostra prima figlia Carla, allora Viola era ancora nella mente di Dio. Questa è la ragione che ci ha spinti a farci una promessa reciproca: non ci saremmo lamentati, non ci saremmo pianti addosso ma avremmo fatto tutto il possibile per rendere Favara, la città nella quale avevamo deciso di vivere, più bella per noi, per Carla e per Viola e per tutti quanti.
Non ricordo con certezza la prima occasione di incontro con Gaetano e Carmelo, forse a Selinunte nella prima edizione della Summer School dell'amico Luigi Prestinenza Puglisi, ma ricordo di una piacevolissima mattinata in cui mi fecero scoprire un bellissimo progetto di recupero di una ex centrale elettrica a Vittoria destinata a spazi museali ed espositivi, un luogo di incontro pubblico, e poi proprio in una delle prime stagioni di Farm furono nostri ospiti in una serata in giardino nell'ambito di una rassegna dedicata ad incontrare i principali attori siciliani dell'architettura contemporanea. Da allora, non ho più smesso di seguire con attenzione il loro prezioso lavoro di riscatto del nostro territorio. Riscatto da decenni di costruzioni brutte, talvolta insignificanti, abusive più nell'estetica che nelle norme urbanistiche.

The Beauty of Places.
It becomes the Beauty of Behavior.
It becomes the Beauty of People.
The Beauty of Life.
Lorenzo Reina

When I start thinking about Gaetano and Carmelo, this is what springs to mind: a smattering of words from an extraordinary Master of Beauty, a man who, with just his own hands, created the Andromeda Theater, a masterpiece of wonders that has challenged and beaten both time and perfection.
Gaetano and Carmelo are not just makers of beauty as cultured and refined architects; always kind, always helpful and always generous, they are "beautiful" people.
After all, when I think of Sicily, the first word that comes to mind is beauty.
And not just the nature, views, beaches, food or the beautiful women.
This is beauty created by man. Wished for by man. In old towns and new suburbs, in difficult places and in the midst of the landscape... as if it had always been there.
Close your eyes for a moment and imagine that you are at the foot of Mauro Staccioli's Pyramid or, one sunny day, before Tano Festa's Window on the Sea, at the incomparable Fiumara dell'Arte. Sicily, a legacy by Antonio Presti. Take yourself on a novel kind of treasure hunt, into the suspended world of Poggioreale, even if that is not allowed, and then get back into your car and head towards Gibellina. At a certain point, round a curve you will happen across the final trove: the Cretto di Burri.

But do not let me be partisan; at least, not completely. It is true, this magical island has over the last 50 years undergone the opposite of Lorenzo's words: ugliness of place, ugliness of behavior, and an ugliness of people.
When my wife Flo and I decided not to move to Paris but rather stay on in Sicily, we felt a strong responsibility towards our first daughter Carla (at that time, Viola was still in the mind of God). We decided to make a promise to one another: we would not complain or grumble, we would do everything we could to make Favara, the city where we had decided to live, more beautiful for us, for Carla and Viola and for everyone.
I can no longer remember when was the first time I met Gaetano and Carmelo. Perhaps it was in Selinunte, during the first Summer School run by my friend Luigi Prestinenza Puglisi. What I do remember is a very pleasant morning when they filled me in on a wonderful project for recovering a former power plant in Vittoria, converting it into a museum and exhibition spaces, a public meeting place; later, during the early years of the Farm, they were guests of ours at an "evening in the garden", part of an event showcasing Sicily's main players in contemporary architecture.
Ever since then, I have closely followed their valuable work in redeeming our territory: a redemption from decades of ugly, sometimes insignificant buildings, a crime more against aesthetics than against urban planning regulations.
They may not be aware of it but like many others, over brief periods I have had the privilege of living in and enjoying their architectural works: many times have I slept at beautiful Villa Carlotta, eaten at MAD in Ragusa Ibla, and dined at the

Loro non lo sanno ma ho avuto come tanti il privilegio di vivere e godere, seppur per brevi periodi, esperienze all'interno delle loro architetture: tante volte ho dormito nella bellissima Villa Carlotta, mangiato da MAD a Ragusa Ibla e alla Madia a Licata nel ristorante del mitico amico comune, Pino Cuttaia.
Sarò per sempre riconoscente a Giulietta e Antonio Alba, eroici imprenditori turistici di Favara che con lungimiranza chiamarono Gaetano e Carmelo per la ristrutturazione di Palazzo Piscopo, a ridosso della piazza principale della città. Conoscevo bene quell'edificio perché ancora prima che venisse progettata la sua trasformazione in resort urbano, grazie alla disponibilità di Giulietta e Antonio lo avevamo più volte utilizzato per installazioni di artisti della Farm.
Era un edificio storico ma senza particolari bellezze.
Quello che Architrend è riuscito a realizzare è stata una trasformazione incredibile, salvaguardando la facciata principale senza rinunciare ad arricchirla di contemporaneità, creando volumi e spazi inimmaginabili senza il loro talento, senza la loro sensibilità; regalando al nostro centro storico un'opera importante di architettura contemporanea, oltre che un nuovo landmark di attrazione turistica e culturale.
Quello che adoro di Architrend è la capacità di realizzare architetture complesse, sofisticate, piene di dettagli ma allo stesso tempo semplici, accessibili a tutti, anche a chi non ha dimestichezza con questa meravigliosa disciplina. Ma ci tengo a ricordare anche la dimensione civica di Gaetano e Carmelo, cittadini attivi e operatori culturali, organizzatori di mostre, installazioni e iniziative culturali come *Architettura Oggi!* e *Changing Architecture*, e infine come non ricordare *Butterflies Home*, installazione ospitata nei Sette Cortili di Farm Cultural Park ma anche a sua volta infrastruttura per la mostra del grande architetto Mario Cucinella.
Gaetano, Carmelo, lo studio Architrend insieme a pochi altri sono stati i pionieri dell'architettura contemporanea in Sicilia, sicuramente tra i più importanti protagonisti. Oggi il loro prezioso esempio e lo straordinario lavoro fatto negli ultimi dieci anni da Luigi Prestinenza Puglisi con *Architects meet in Selinunte* hanno già prodotto frutti inimmaginabili: diverse centinaia di bellissime architetture contemporanee, piccole, medie e grandi, in spazi pubblici o privati, nei centri storici o nelle periferie, in mare o nell'entroterra.
Una nuova generazione di giovani architetti sta crescendo e maturando sull'onda anche del loro esempio, tanti professionisti, imprenditori, normali cittadini non si accontentano più di costruire una casa ma desiderano abitare e vivere un'architettura.

Grazie ragazzi.

Madia restaurant in Licata, owned by our legendary friend-in-common, Pino Cuttaia.
I will be forever grateful to Giulietta and Antonio Alba, heroic tourist entrepreneurs in Favara who, with great foresight, commissioned Gaetano and Carmelo to renovate Palazzo Piscopo, just off the town's main square. I knew that building well: even before a plan was made to convert it into an urban resort, Giulietta and Antonio had on a number of occasions kindly lent it to us for installations of Farm artists. It was a historic building, of no particular beauty.
Architrend accomplished an incredible transformation that safeguarded the main façade while at the same time enriching it with contemporary touches, creating volumes and spaces unimaginable to anyone without their talent and sensibility; they gave our old town center a major work of contemporary architecture, a new tourist attraction and a cultural landmark. What I love about Architrend is their ability to create complex, sophisticated architecture that is full of details yet at the same time simple enough to be accessible to everyone, even to people unfamiliar with this wonderful discipline.
I must also mention Gaetano and Carmelo's civic side. They are active citizens and cultural operators, organizers of exhibitions, installations and cultural initiatives such as *Architettura Oggi!* and *Changing Architecture*, and of course their unforgettable *Butterflies Home*, an installation Farm Cultural Park hosted in its Seven Courtyards, and a piece of infrastructure for an exhibition of great architect Mario Cucinella.
Gaetano, Carmelo, the Architrend firm and a handful of others have been the leading lights of pioneering contemporary architecture in Sicily.
Today, their valuable example and the extraordinary work Luigi Prestinenza Puglisi has achieved with *Architects Meet in Selinunte* have generated unimaginable results: several hundred beautiful contemporary works of architecture, small, medium and large, in public and private spaces, historic town centers and outlying areas, along the coast and inland.
A new generation of young architects has grown up and matured riding the wave they created. Today, so many professionals, entrepreneurs and ordinary citizens are no longer satisfied with just building a home; they want to live life in an architectural work.

Thanks, guys!

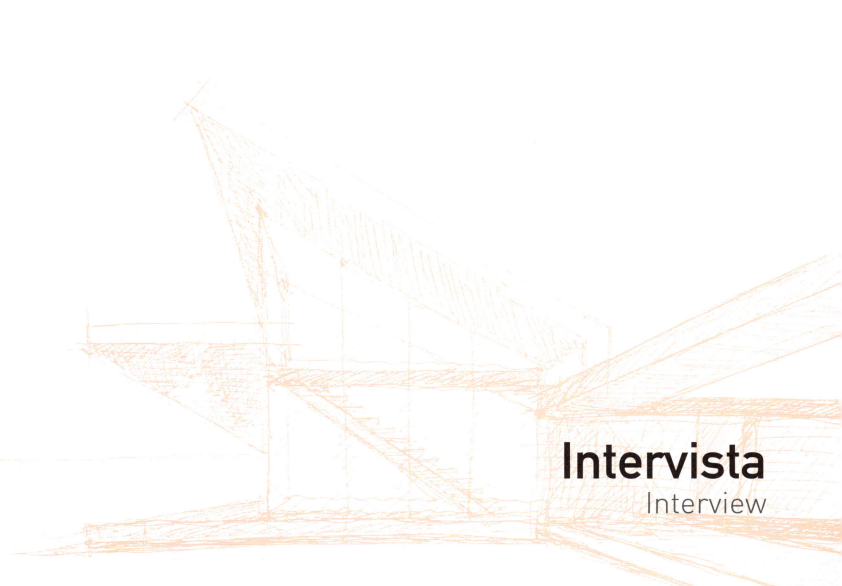

Intervista
Interview

Intervista
Interview
Gaetano Manganello, Carmelo Tumino

Chi è Architrend? Come è strutturato il vostro studio?
Architrend è uno studio di progettazione formato da un team di architetti che amano la cultura del progetto. Crediamo fortemente nel ruolo dell'architettura come motore di cambiamenti positivi all'interno del contesto urbano e territoriale e per questo poniamo grande attenzione su ogni aspetto progettuale, sulla ricerca di soluzioni capaci di incrementare l'attrattività e il valore dei luoghi in cui operiamo, sperimentando con passione e dedizione differenti proposte progettuali prima di approdare a quella definitiva.
Siamo un piccolo studio, sette persone in totale: due partner titolari e cinque collaboratori che lavorano con noi da tanto tempo. Sviluppiamo diverse collaborazioni esterne per quanto riguarda gli aspetti che travalicano la progettazione architettonica vera e propria, senza mai però delegare ad altri la direzione dei lavori.
In questa fase, che seguiamo in maniera puntuale e con impegno costante, i progetti sono spesso soggetti a miglioramenti e modifiche derivanti dalle suggestioni offerte dal cantiere stesso, grazie al quale si percepiscono in modo reale le intuizioni avute sulla carta. Possiamo dire che il progetto è terminato davvero solo quando finisce l'opera in cantiere, non prima.

Tra voi due c'è una suddivisione dei ruoli o siete complementari?
Ci conosciamo e lavoriamo insieme da sempre, sin dagli studi universitari, durante i quali abbiamo svolto assieme tutti gli esami progettuali. Nel corso degli anni abbiamo sviluppato un metodo di lavoro e una complementarietà di idee che ci consentono di essere veloci, flessibili e di mantenere un approccio realistico nella definizione di ogni aspetto progettuale. Normalmente condividiamo e definiamo insieme la fase iniziale del progetto, impostando all'avvio di ogni lavoro dei tavoli di discussione comuni; successivamente, in fase di cantiere e di direzione lavori, ognuno di noi segue un progetto individualmente. L'impostazione progettuale è un prodotto di tutto lo studio, frutto di un confronto proficuo e di una condivisione di idee che coinvolge i nostri collaboratori. L'architettura è per noi un lavoro di squadra: non crediamo nella matita dell'architetto demiurgo che impone dall'alto la sua visione progettuale.

Quali stimoli vi porta lavorare in Sicilia?
Dal punto di vista storico e paesaggistico, la Sicilia è una terra molto stimolante. Questo è sicuramente uno dei motivi per cui abbiamo deciso di lavorare qui dopo aver concluso gli studi a Firenze.
Operare in contesti particolarmente delicati, come quello di Ragusa Ibla - sito Unesco - e in generale nella provincia di Ragusa che conta diverse cittadine barocche, ci ha permesso di acquisire esperienza, sviluppando una forte sensibilità nei confronti del contesto costruito. La nostra non è un'architettura mimetica, e questo rappresenta secondo noi un punto di forza. Interpretiamo il territorio in maniera attiva e contemporanea, sfruttandone al massimo gli input, confrontandoci continuamente con la sua storia, per noi non potrebbe essere altrimenti. Quando interveniamo cerchiamo di capire a fondo la morfologia dei luoghi, i punti di vista, gli elementi da valorizzare, quelli da mascherare, restituendo il risultato di questa fase di studio e analisi nel progetto: il senso di apertura verso l'esterno, verso il paesaggio - dove questo lo permette - il senso di chiusura dove il contesto lo richiede.
Delicate e difficili sono anche le situazioni che ci troviamo ad affrontare operando nelle periferie, dove spesso ci confrontiamo con lotti chiusi e contesti banali. Qui, in un certo senso le nostre architetture emergono, differenziandosi sensibilmente rispetto all'esistente. Anche in queste realtà gli ostacoli che dobbiamo affrontare costituiscono per noi uno stimolo a ricercare la qualità dell'architettura.

Quanto è importante il rapporto con la committenza nel vostro approccio progettuale?
Negli anni abbiamo impostato e sviluppato una metodologia di lavoro e di comunicazione aperta, che ci ha portato ad avere un linguaggio architettonico ben definito aderente al nostro pensiero. I committenti che devono scegliere uno studio di architettura riconoscono i nostri edifici e conseguentemente ci affidano l'incarico; per noi questo è un dato molto gratificante. Ne consegue che il rapporto con il cliente è una parte estremamente importante del nostro modo di fare architettura; è un rapporto basato sulla fiducia e

How is your practice structured?

Architrend is a design studio founded by a team of architects with a love of design culture. We strongly believe in the role architecture has to play as a driving force for positive change in the urban and territorial environment. For this reason, we pay great attention to every aspect of design, seeking solutions to enhance the attractiveness and value of the sites where we work, passionately and with dedication trying out different design proposals before arriving at the definitive plan.

We are a small practice, seven people in all: two partner/owners and five employees who have worked with us for a long time. Without ever delegating works management to others, we have developed a number of external partnerships in areas that fall outside the sphere of architectural design proper. At this stage, with unwavering commitment and dedicating all the time necessary, we follow projects on site: very often, projects undergo improvements and change as a result of suggestions offered at the construction site itself, when insights on paper are perceived in real life. It is fair to say that the project is only really finished when the site work is completed, and not before.

Is there a division of roles between the two of you, or are you complementary to one another?

We have known and worked together for such a long time, since our university days. All that time, we have undertaken design examination work together. Over the years, we have developed a working method and a complementary idea-based approach that makes us fast and flexible, while maintaining a realistic approach when establishing each aspect of design. Usually, we share and define the initial phase of the project, setting up round-table talks at the start of each job; then, during the construction site and work supervision phase, we follow projects individually. The design approach is the work of the entire studio, the result of fruitful dialogue and idea sharing that extends to our partners. For us, architecture is all about teamwork: we do not believe in the pencil of some godlike architect who imposes his design vision from on high.

What prompted you to work in Sicily?

From a historical and landscape point of view, Sicily is such a stimulating place. This is certainly one of the reasons why, after finishing our studies in Florence, we decided to come here to work.

Practicing in particularly delicate contexts, for example Unesco site Ragusa Ibla, and more generally in the province of Ragusa, which has several baroque towns, has allowed us to gain experience and develop a strong sensitivity towards the built environment. Ours is not camouflage architecture, and this is a strength in our opinion. We interpret the local territory in an active and contemporary way, making the most of its inputs, continuously checking back with its history. That is the only way forwards for us. When we embark on a job, we try to gain a deep understanding of site morphology, points of view, what elements are to be enhanced and masked, and then plough the results of this part of our research and analysis back into the project, with a sense of openness towards the outside, facing the landscape where we can, or a sense of closure where the context requires it. The situations we come up against when we work in the suburbs, where we often find closed lots and uninspiring backdrops, are often delicate and difficult. It is here, we may say, where our architecture emerges, differing considerably from existing architecture. Even in such places, the obstacles we must deal with act as a stimulus for us to foster quality architecture.

How important is your relationship with clients to your design approach?

Over the years, we have established and evolved an open modus operandi and approach to communication. This has led us to develop a well-defined architectural stylistic approach that lines up with our way of thinking.

Clients who are looking for an architectural firm recognize our buildings, and based on that they award us their commission; something that is enormously gratifying to us.

In consequence, the relationship with the client is an extremely important part of how we do architecture; it is a relationship based on trust and sharing, one that not infrequently has spawned friendships.

Have you had any difficulties getting your approach to architecture accepted?

It has been something of a slow

sulla condivisione, che non di rado ha portato alla nascita di amicizie.

Qual è la situazione attuale dell'architettura in Sicilia?

C'è una realtà di giovani architetti che riteniamo molto interessante e che porta avanti un discorso complementare al nostro; con loro ci siamo confrontati attraverso la partecipazione a mostre, dibattiti, presentazioni di libri. In particolare, insieme alla Fondazione degli Architetti di Ragusa abbiamo portato avanti impegni e manifestazioni per promuovere l'architettura di qualità. A questo proposito ci teniamo a citare gli allestimenti urbani, trattati al termine di questo volume, che hanno visto il coinvolgimento di colleghi provenienti da tutta Italia e che rappresentano per noi un'esperienza molto significativa.

Che accoglienza hanno avuto questi allestimenti presso la popolazione?

Realizzati sempre in contesti particolari dei centri storici, possiamo dire che hanno avuto un grande successo. A Ragusa come a Palermo hanno innanzitutto suscitato interesse e molta curiosità, per cui riteniamo di aver centrato il nostro obiettivo: comunicare alla gente l'architettura, argomento troppo spesso considerato per soli addetti ai lavori.
Ci piace inoltre far notare come questi allestimenti non abbiano mai subito episodi di vandalismo, a testimonianza di come la popolazione li abbia sentiti come suoi, e per questo rispettati.

Quanto è importante per voi il tema della divulgazione dell'architettura?

Si tratta di un tema per noi fondamentale che cerchiamo di sviluppare innanzitutto nel rapporto con il committente, attraverso un approccio pedagogico e didattico, nell'obiettivo di diffondere la consapevolezza dell'importanza dell'architettura. Il nostro stesso nome, Architrend, rimanda a un processo di avvicinamento verso l'architettura: c'è l'idea di cammino, di percorso. Il nostro percorso, ma anche quello delle persone per le quali progettiamo e costruiamo.
Un altro concetto per noi importante è quello del cambiamento (*Changing Architecture* è il titolo della mostra itinerante che abbiamo curato), perché crediamo fermamente che un'architettura di qualità possa cambiare i contesti in cui interviene, innescando processi di miglioramento e valorizzazione delle nostre città. Ne abbiamo avuto esperienza diretta in più occasioni, quindi ci riconosciamo assolutamente nel termine "cambiamento".

Ultimamente avete realizzato progetti oltre i confini nazionali: è l'inizio di un nuovo percorso?

È stata sicuramente un'esperienza positiva e stimolante che speriamo possa proseguire con altre opportunità. Lavorare all'estero porta a confrontarsi con realtà nuove, quello che soprattutto ci interessa è la possibilità di realizzare un salto di scala o di cogliere opportunità progettuali interessanti.
Un settore possibile di sviluppo in questo senso pensiamo possa essere quello dell'hôtellerie, per il quale il design italiano è molto richiesto all'estero. Servono però in questo percorso partner locali e committenti affidabili, altrimenti il gioco non vale la candela.

In conclusione, se vi chiedessero di definire il vostro lavoro con due parole?

Semplice complessità è l'espressione che probabilmente definisce al meglio il nostro lavoro.
Abbiamo nei confronti dell'architettura un approccio minimale – non minimalista – che racchiude in sé il rispetto per il luogo, la comprensione della sua intrinseca complessità. Anni di esperienza nella professione ci hanno permesso di raggiungere un livello di semplicità formale che è sempre figlia della complessità, di una complessità studiata, conosciuta e capita. Sono proprio le situazioni più complesse a regalare le più grandi soddisfazioni in termini professionali, e soprattutto in questi ultimi anni ci sentiamo maggiormente stimolati dagli interventi nei centri storici, dove l'architettura può meglio assolvere al suo ruolo sociale attraverso processi e progetti di rigenerazione che non vanno a consumare ulteriore suolo, ma a far rivivere e recuperare il patrimonio esistente, restituendolo alla città e ai suoi cittadini, che sono i primi destinatari del nostro bellissimo lavoro.

process. At first, it was hard to get people to understand everything we wanted to convey. But we did not give up, we knew we would get where we wanted to go. Thinking back to the origins of our work, it should be said we went through university during years dominated in Italy by two clashing approaches: the post-modern trend, represented by Aldo Rossi, and the deconstructivist trend, whose exponent is Rem Koolhaas. At first, it was not easy to free ourselves from this dualism and these references - they are evident in our theses - but our thesis supervisor, Adolfo Natalini, planted the seed of independent thinking and design in us; he passed on the desire to go further, to seek out new experiences.

What is the current situation for architecture in Sicily?
There are plenty of young architects who we think are very interesting, whose discourse is complementary to ours. We got acquainted with them by participating in exhibitions, debates and book presentations. Along with founding an association for architects in Ragusa, we have worked and put on events to promote quality architecture. For example, the urban installations at the end of this book, they involved colleagues from all over Italy, and were a highly significant experience for us.

How did the local population receive these installations?
All of them were erected in special areas of the old town, and we think they were all a great success. In Ragusa and indeed Palermo, first of all they aroused interest and a lot of curiosity, which makes us think that we achieved our goal: to generate public debate about architecture, a subject too often considered for experts only. We would also like to point out that these installations never suffered any vandalism, because the local people felt that they were theirs; that is why they respected them.

How important is the idea of disseminating architecture to you?
It is a fundamental issue for us, one we try to develop first and foremost through our relationship with the client, via a pedagogical and didactic approach, in order to raise awareness of how important architecture is.
Our name, Architrend, refers to a process of approaching architecture: it encompasses the idea of a journey. It refers to our path, to the path of the people we design and build for. Another important concept for us is change (*Changing Architecture* was the name of a travelling exhibition we curated). This is because we firmly believe that quality architecture can change the contexts in which it is built, triggering processes that improve and enhance our cities. We have experienced this ourselves on several occasions, and we definitely recognize ourselves in the term "change".

Lately, you have been working outside Italy. Is this the start of a new path?
It was without doubt a positive and stimulating experience. We hope it will lead to other opportunities. Working abroad brings us face to face with new circumstances. The thing that most interests us is to exploit the possibility of making a scale change, of seizing interesting design opportunities. One possible sector of development could be hotels, an area in which Italian design is in great demand abroad. But you need local partners and reliable clients to pursue this path, or it ends up being more trouble than it is worth.

In conclusion, what two words would you use to define your work?
"Simple complexity" is the expression that probably best defines our work.
We follow a minimal - but not minimalist - approach to architecture that encapsulates respect of locale and an understanding of its intrinsic complexity. Years of experience in the profession have allowed us to reach a level of formal simplicity that is always the result of complexity - complexity studied, known and understood.
The most complex situations generate the greatest satisfaction in professional terms. In recent years in particular, we feel more stimulated by jobs in historic centers, where architecture is better able to fulfil its social role through the process of regeneration and projects that do not consume more land, but rather revive and recover existing heritage, restoring it to the city and to its citizens, who are the primary recipients of this truly fabulous job.

Progetti 2000-2020
Projects 2000-2020

Architrend Office

2005 - 2007
Ragusa, Sicily
"The minimum form takes the maximum effect"

Architrend Office

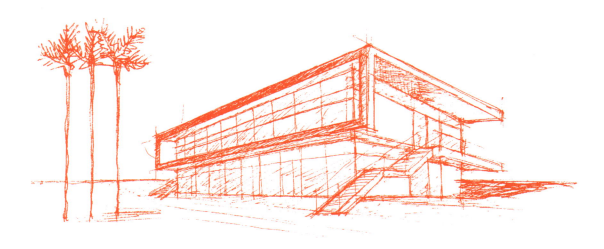

Il progetto di questo edificio, destinato a ospitare il nostro studio affiancato da altre attività, segna una svolta e un cambio di passo nell'evoluzione dei nostri lavori. Iniziato nel 2005, il progetto si doveva confrontare con una situazione paesaggistica particolare. Un'area non ancora città, ma non più campagna, con una vista verso la cava San Leonardo, sorta di frattura nell'altopiano calcareo degli iblei. Dai primi sopralluoghi sul terreno, pianeggiante, ci siamo resi conto che avremmo dovuto progettare un edificio con una forte identità, il cui rapporto con il contesto avrebbe dovuto esplicitarsi nello scambio di visibilità tra interni ed esterni.

Trattandosi della sede dello studio, volevamo infondere uno scopo programmatico e il senso della nostra concezione dell'Architettura. Fin dai primi schizzi abbiamo pensato a un edificio nel quale qualsiasi componente fosse definito sulla base della misura di un modulo.

Struttura, involucro esterno, arredi interni, seguono una griglia dimensionale precisa. Erano importanti anche il benessere interno, così come la sostenibilità ambientale. Obiettivi raggiunti attraverso una climatizzazione efficace, il controllo della luminosità e dell'irraggiamento solare tramite un sistema di schermature solari a sud, oltre alla previsione di ampi sbalzi della struttura. Un impianto fotovoltaico da 50 kW rende del tutto autonomo l'edificio.

Un volume con una grande cornice in calcestruzzo a vista, sincero, trasparente, che interpreta in maniera efficace la nostra voglia di fare Architettura. Un edificio rigoroso, dotato di una chiara presenza, riconoscibile come la sede del nostro studio che, dopo oltre dieci anni di utilizzo, rimane per noi l'ambiente ideale per continuare nel nostro lavoro di progettisti.

The design for these offices built for our own practice plus other businesses marked a turning point and change of pace in the evolution of our work. Begun in 2005, the design had to cope with a rather specific set of landscape circumstances. This area may not yet be a part of the town, but it is no longer simple countryside; it has a view out towards the San Leonardo quarry, a kind of fracture in a limestone plateau that is part of the Hyblaean Mountains. Our earliest surveys of the flat land prompted us to realize we would have had to design a building with a strong identity, one whose relationship with the surrounding context would take form through an internal/external visibility exchange.

Given it would be providing office space for our own practice, we wanted to imbue it with a programmatic purpose in order to convey the meaning of how we conceive Architecture. From our earliest sketches, we designed a building where every element is defined on the basis of module-sized measurements. The structure, external envelope and interior furnishings are all on a specific dimensional grid. Internal wellbeing and environmental sustainability were both of prime importance to us. We achieved them through efficient heating and air conditioning, and control over daylight and sunlight radiation that leverages a system of south-facing sun screens, as well as the structure's planned ample overhangs. A 50 kW photovoltaic installation renders the building completely autonomous.

The volume sports a large, exposed concrete frame. Sincere and transparent, it is an effective interpretation of our favored approach to Architecture. A meticulous building, it is clearly identifiable and recognizable as our practice's home. We have been here for more than a decade now, and it is still an ideal environment for us to continue our design work.

Il progetto è ubicato in un'area di espansione urbana nella periferia ovest di Ragusa.
L'edificio si sviluppa per due piani fuori terra e un piano interrato e ospita,
oltre ad attività artigianali, la nuova sede dello Studio Architrend.

The project is located in an area of urban expansion in Ragusa's western suburbs.
The building's two floors above ground plus basement offer a home
to crafts-based activities and Studio Architrend.

Pianta primo piano
First floor plan

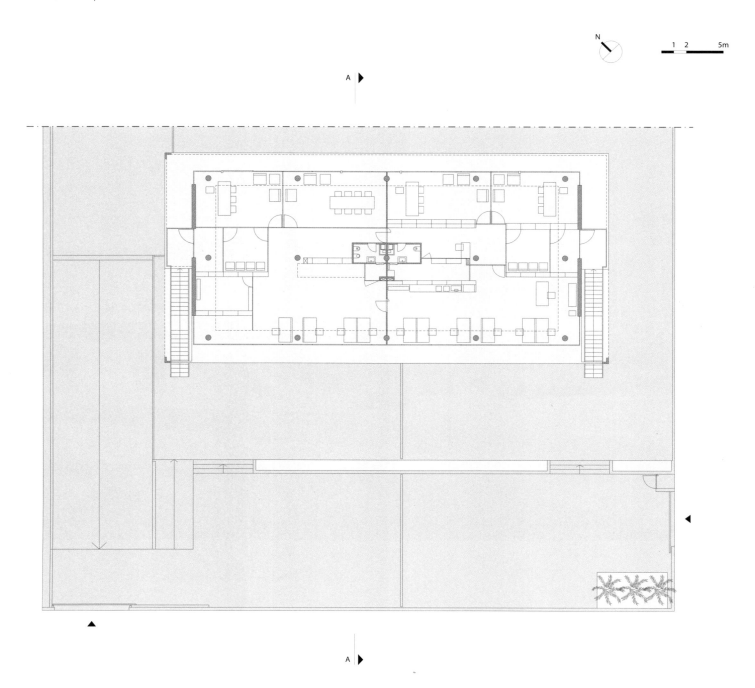

L'ampio spazio di lavoro pavimentato in parquet industriale, con le vetrate esposte a sud, schermato tramite un sistema esterno motorizzato di elementi frangisole in lamelle di alluminio color grigio chiaro orientabili e impacchettabili verso l'alto.

The ample workspace is paved in industrial parquet. The south-facing windows are screened by a motorized external system of sunshade elements made out of adjustable light-gray aluminum slats that can also be folded up and away.

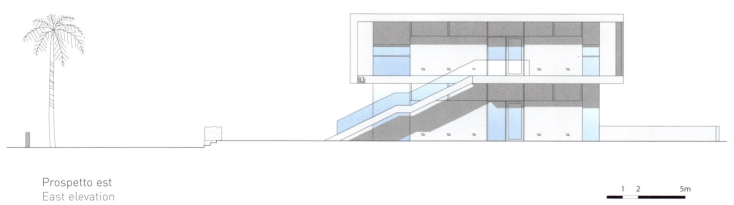

Prospetto est
East elevation

Sezione AA
AA Section

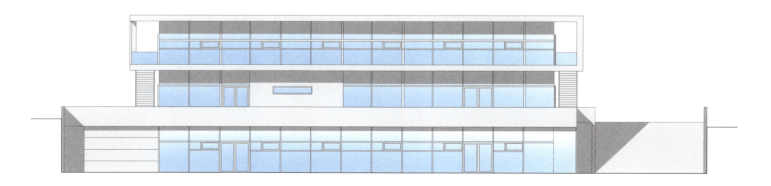

Prospetto nord
North elevation

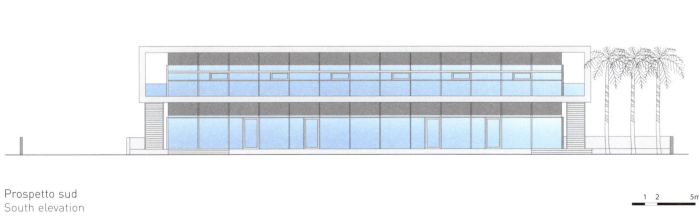

Prospetto sud
South elevation

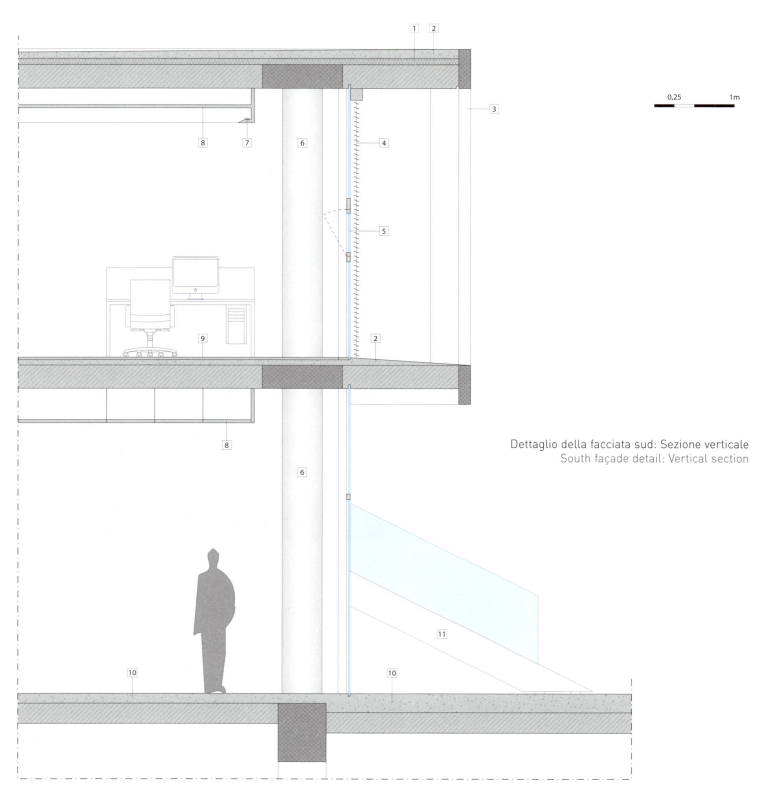

Dettaglio della facciata sud: Sezione verticale
South façade detail: Vertical section

1. Coibentazione termica
2. Strato di pendenza e guaina cementizia
3. Cornice in calcestruzzo armato a vista
4. Sistema motorizzato di tende solari
5. Facciata continua in alluminio con vetrocamera, vetri selettivi e basso emissivi
6. Colonna portante in calcestruzzo armato a vista
7. Illuminazione a luce riflessa con binari LED
8. Controsoffitto in cartongesso
9. Pavimentazione in legno di rovere
10. Pavimento industriale
11. Scala in acciaio, parapetti in vetro e gradini in pietra

1. Thermal insulation
2. Slope layer and cement sheath
3. Façade frame in exposed reinforced concrete
4. Motorized system of solar blinds
5. Aluminum curtain wall with double-glazing, and selective low-emissivity glass
6. Supporting column in exposed reinforced concrete
7. Reflected light illumination with LED tracks
8. Plasterboard false ceiling
9. Oak wood flooring
10. Industrial floor
11. Steel staircase, glass railings and stone steps

Una delle due scale d'accesso al primo piano dell'edificio collocate in adiacenza ai lati corti realizzata con struttura perimetrale in acciaio, gradini in pietra locale, parapetti di sicurezza in vetro stratificato e corrimano in acciaio sagomato a sezione circolare.

One of the two access stairways to the first floor runs along the building's shorter side. Made out of a steel perimeter structure, its steps are hewn from local stone. The stairway features safety parapets in laminated glass and a handrail made out of circular section shaped steel.

La cornice in calcestruzzo armato vista dalla scala d'accesso
The reinforced concrete frame from the entrance stairway

La scala d'accesso
The access stairway

La scala
The stairs

La scala
The stairs

Vista al tramonto del prospetto principale
Sunset view of the main elevation

Il corpo servizi al primo piano
The services block on the first floor

L'area di lavoro
The work area

L'area di lavoro
The work area

L'archivio
The archive

La sala riunioni
The meeting room

L'atrio d'ingresso
The entrance hall

Una postazione di lavoro
A work station

Location: Ragusa, Sicily
Architect: Architrend Architecture
Gaetano Manganello & Carmelo Tumino
Collaborators: Patrizia Anfuso, Fernando Cutuli
Project Date: 2005
Completion Date: 2007
Materials: Concrete, glass
Site Area: 2,870 m²
Underground Floor: 1,300 m²
Ground Floor: 450 m²
First Floor: 450 m²
Photography: Umberto Agnello

Villa T

2005 - 2007
Ragusa, Sicily
"Landscape frames"

Villa T

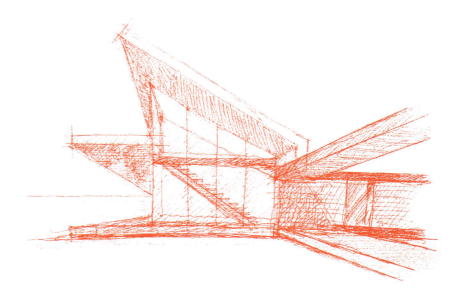

Ricordo il primo sopralluogo, in una campagna molto vicina alla città. Era una giornata primaverile, il vento spirava infondendo al luogo un che di misterioso. Accanto al terreno un deposito per la stagionatura dei formaggi e, dalla parte opposta, una masseria con le stalle per le mucche, un luogo di produzione di prodotti tipici integrato perfettamente nel paesaggio.

Arrivati sul posto, iniziammo a perlustrarlo percorrendone il perimetro, quasi una sorta di cerimonia per comprendere le valenze del sito: la pietra dei muretti a secco, la vista verso l'altopiano, gli odori delle erbe appena nate, la direzione del vento.

Eravamo con i nostri committenti, due fratelli imprenditori edili per i quali alcuni anni prima, attorno al 2000, avevamo costruito due case gemelle in un quartiere residenziale. Due case particolari, con un grande tetto metallico, muri in pietra e ampie vetrate. Abituati ad avere un rapporto non esclusivo con le loro case, i due fratelli dopo averle vendute avevano pensato di costruirne altre due, questa volta però su un sito più ampio, un terreno agricolo ai confini della città.

Da questo rapporto a quattro, due architetti e due imprenditori edili, è nato il nuovo progetto. Villa T, dall'iniziale del cognome del proprietario, è la prima casa costruita; la seconda, quasi sua gemella, è ancora in costruzione, a testimoniare i tempi lunghi, a volte lunghissimi, del progetto.

Molto pubblicata e presente sul web, Villa T ha rappresentato per il nostro studio un salto di qualità; ci è valsa nel 2009 il premio G.B. Vaccarini Quadranti d'Architettura.

Interpretando un rapporto diretto con la bellezza del territorio, il volume si adagia sul suolo inquadrando il paesaggio attraverso una serie di cornici architettoniche.

Villa T è l'aspirazione del contemporaneo che vuole valorizzare il contesto, Villa T è una speranza che, tramite l'architettura, chi vi abita apprezzi sia lo spazio in cui vive, ma ancora di più lo spazio esterno e il paesaggio che ogni giorno può ammirare dalla casa.

Un'architettura fatta di materiali - vetro, acciaio, pietra - ma anche e sostanzialmente di spazi da vivere, fluidi al loro interno, con la doppia altezza sul soggiorno e una scala leggera che raggiunge il soppalco. Villa T è un progetto che rappresenta bene la nostra filosofia, un progetto di passione e ottimismo nei confronti dell'architettura costruita.

I remember the first time we went to survey this stretch of countryside very close to town. It was a spring day, and a breeze was blowing that lent the site an air of mystery. Next to the site was a warehouse where cheese forms were stored to ripen. Opposite, a farmhouse with stalls for cows, a place that makes typical local products, perfectly integrated into the landscape.

As soon as we arrived on site, we began exploring, walking around the perimeter, like in a ceremony to discover the site's values: dry stone walls, views out towards the plateau, the fragrance of fresh-sprouted grass, the direction of the wind. We were taken round by our clients, two property developer brothers for whom, a few years earlier, in around 2000, we had built twin houses in a residential district, with a large metal roof, stone walls and ample windows. Accustomed to a non-exclusive relationship with their homes, after selling them the brothers were keen to commission another two houses for us to build, this time on a bigger farmland site on the edge of town.

The new project evolved out of this four-way relationship, between two architects and two property developers. Villa T, named after the owner's surname, was the first home we built. The second one, practically its twin, is still under construction, proof of the project's long-term - some might say extremely long - time scale.

Much covered and disseminated on the web, for our practice Villa T marked a step change, because in 2009 it won the G.B. Vaccarini Quadranti d'Architettura award.

Striking up a direct relationship with the beauty of the surroundings, where the volume sits on the land, it encapsulates the countryside through a series of architectural frames.

Villa T is an aspiration for the contemporary, one that strives to make the most of its surrounding context. Villa T expresses the hope that architecture can enable the people who live in the home to appreciate not just their living space but, even more so, the external space and landscape they get to admire day after day from where they live. This is architecture made from materials - glass, steel and stone - and, even more so, from living space rendered fluid, thanks to a double-height living area and mezzanine reached via a slender staircase. As a project, Villa T successfully embodies our philosophy and our passionate optimism for built architecture.

Planimetria
Site plan

1. Lotto A　　1. Lot A
2. Lotto B　　2. Lot B

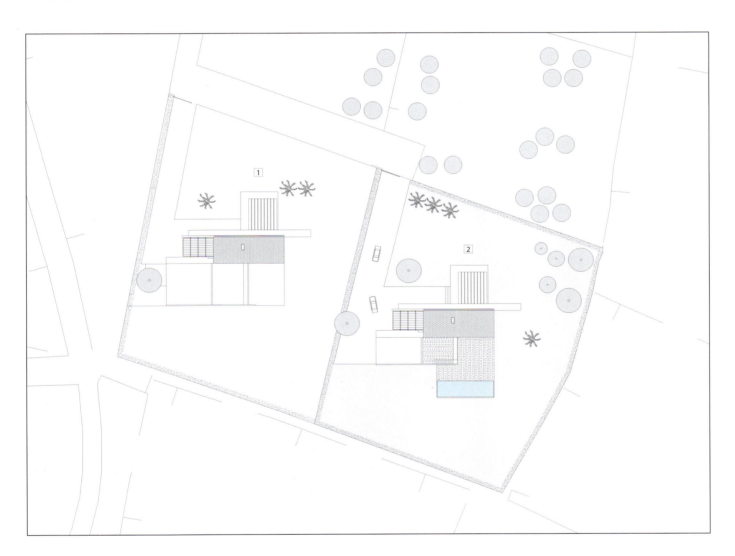

La villa è ubicata in una zona agricola ai margini della città di Ragusa,
sull'altopiano Ibleo caratterizzato da una ragnatela di muretti a secco in pietra calcarea.
Il sito del progetto ha parzialmente mantenuto le caratteristiche del paesaggio rurale.
L'esigenza principale del progetto è stata quindi di stabilire un rapporto intenso con la bellezza
del territorio, con i suoi valori paesaggistici.

The country house is situated in an area of farmland on the edge of the town of Ragusa,
on the Hyblaean plateau whose hallmark feature is a spider's web of dry stone limestone walls.
The site has at least partially retained its rural countryside feel.
The project's most important requirement was, in consequence, to establish an intense relationship
with the beauty of the area and with the local landscape's values.

Il salotto a doppia altezza pavimentato in parquet di legno di rovere, il soppalco con struttura in acciaio, la scala rivestita in legno che collega i due spazi.

The double-height living room paved with oak wood flooring, the steel-structured mezzanine, and the wood-clad staircase that connects the two spaces.

Pianta piano terra
Ground floor plan

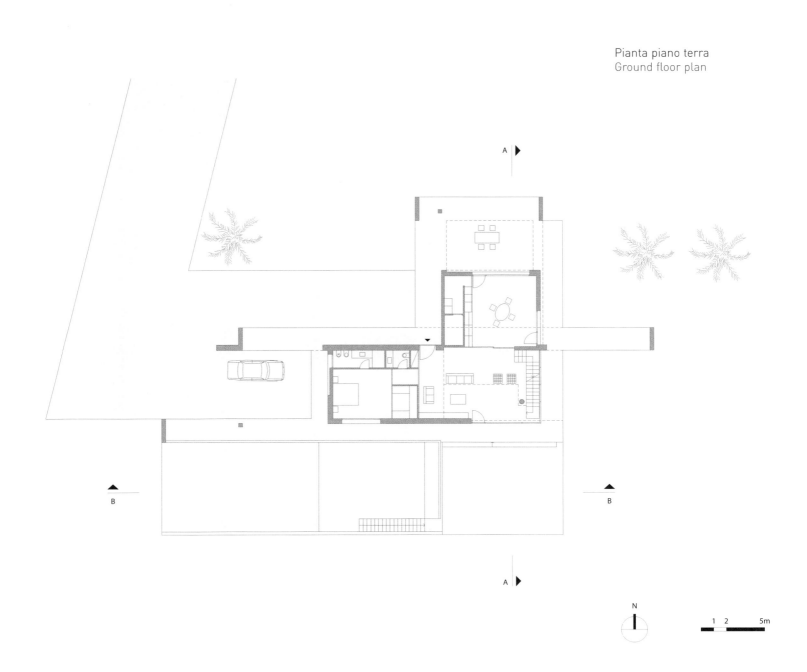

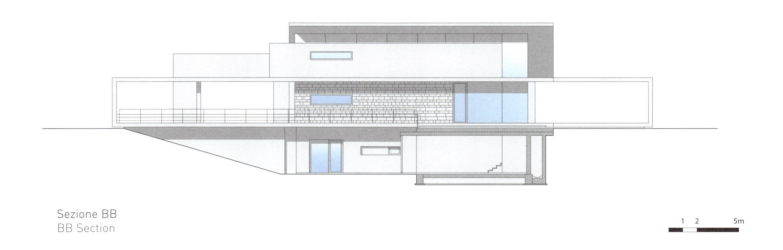

Sezione BB
BB Section

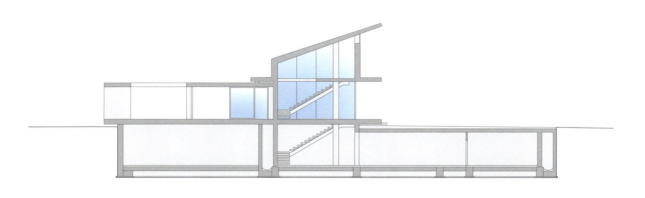

Sezione AA
AA Section

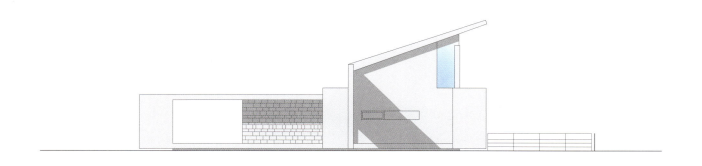

Prospetto ovest
West elevation

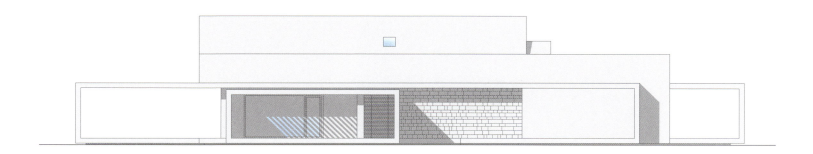

Prospetto nord
North elevation

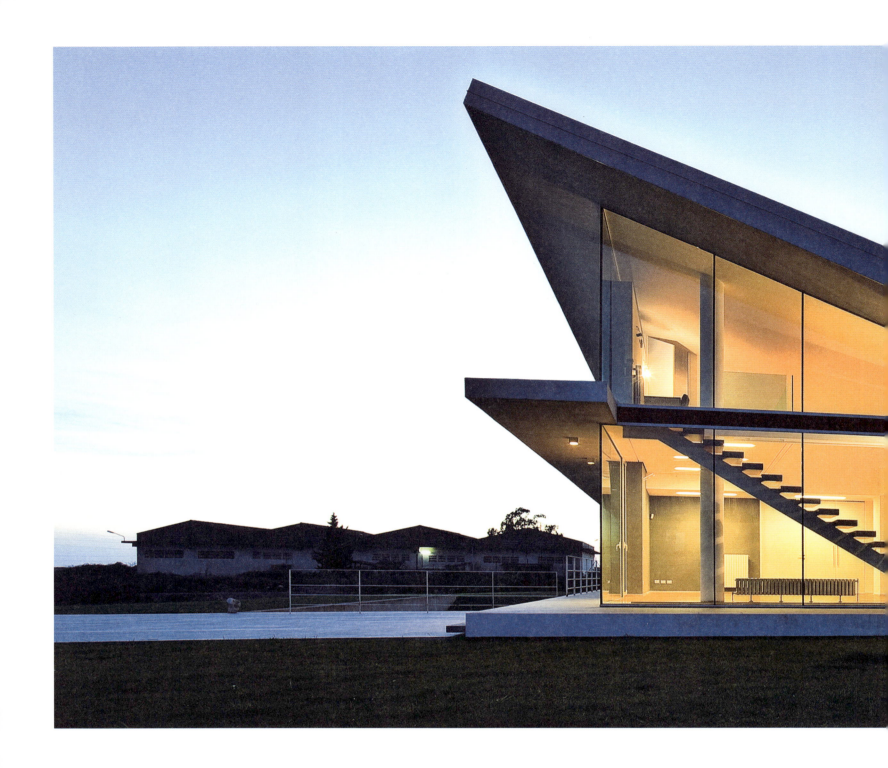

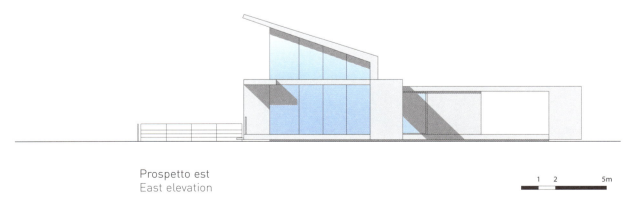

Prospetto est
East elevation

Il ricercato rapporto con il contesto è affidato in primo luogo alla realizzazione di tre cornici lineari, slittate tra di loro, che inquadrano e sottolineano le vedute sul paesaggio. Ad una facciata chiusa con muri in pietra rivolta a nord fanno da contrappunto la facciata a sud e quella a est, aperte sul giardino mediante grandi vetrate.
Il basamento della villa è sollevato dal terreno, creando una linea d'ombra continua e una conseguente sensazione di leggerezza, mentre gli slittamenti, le asimmetrie e l'articolazione delle pareti creano una ricercata idea di movimento.

The house's refined relationship with the surrounding context is first and foremost entrusted to three offset linear frames that showcase views out over the landscape. The blind north-facing stone-wall façade offers a counterpoint to the south- and east-facing façades, which offer views out onto the garden through large windows. Raised off the ground, the base of this country house creates an unbroken shadow line and a consequent feeling of lightness; meanwhile, the offsets, asymmetries and wall layout create a sophisticated sensation of movement.

Dettaglio della scala: Sezione verticale
Stairs detail: Vertical section

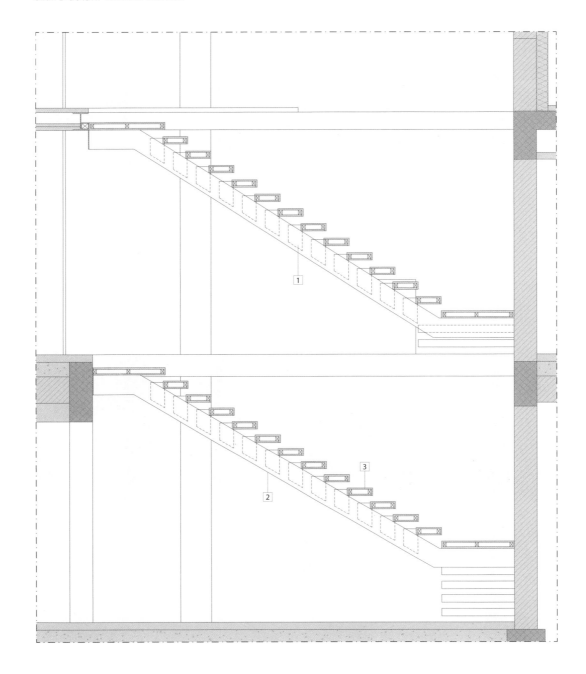

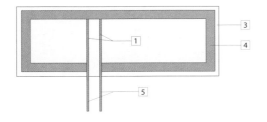

1.	Doppio piatto in acciaio	1.	Double steel plate
2.	Triplo piatto in acciaio	2.	Triple steel plate
3.	Rivestimento in legno	3.	Wood cladding
4.	Profilato in acciaio	4.	Steel profile
5.	Piastra trapezoidale	5.	Trapezoidal plate
6.	Distanziatori in acciaio	6.	Steel spacers

Particolare del prospetto sud
Detail of the south elevation

La vetrata del soggiorno
The living room window

Il prospetto sud e l'ingresso del piano interrato
The south elevation and the entrance to the basement

Particolare del prospetto nord
Detail of the north elevation

Il prospetto nord
The north elevation

La vetrata del soggiorno
The living room window

Il soggiorno
The living room

Il soppalco sul soggiorno
The loft on the living room

La camera da letto al piano terra
The ground floor bedroom

Il bagno al piano terra
The ground floor bathroom

Vista del soggiorno verso la cucina
View of the living room towards the kitchen

Vista della cucina verso il soggiorno
View of the kitchen towards the living room

Location: Ragusa, Sicily
Architect: Architrend Architecture
Gaetano Manganello & Carmelo Tumino
Collaborators: Patrizia Anfuso, Fernando Cutuli
Project Date: 2005
Completion Date: 2007
Materials: Concrete, glass, stone
Site Area: 4,300 m²
Underground Floor: 290 m²
Ground Floor: 150 m²
First Floor: 70 m²
Photography: Umberto Agnello

Giardino Ibleo

1998 - 2006
Ragusa Ibla, Sicily
"In the historic center of Ragusa Ibla,
steel and glass overlook the landscape"

Giardino Ibleo

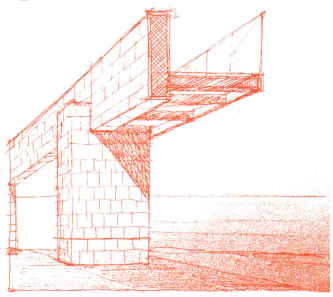

Costruire nel centro storico richiede particolari attenzione e sensibilità, soprattutto quando si vuole progettare un'architettura contemporanea, senza falsi mimetismi o atteggiamenti nostalgici.
A questo incarico abbiamo risposto con un impegno lungo e costante che ha comportato l'elaborazione di un progetto articolato e complesso che ha tenuto conto di moltissime condizioni e vincoli. Il sito dell'ampliamento del Giardino Ibleo, area di verde pubblico, si trova nel centro storico di Ragusa Ibla (dal 2003 sito Unesco); in quest'area era stato costruito negli anni '50 un complesso di edifici tecnici di nessun valore, adibiti a contenere gli impianti di una centrale Enel, dismessa negli anni '80.
L'intervento costituisce il completamento di un progetto complessivo e unitario che riguarda due aree adiacenti: l'area della pineta e l'area dell'ex centrale Enel. Le due realizzazioni costituiscono un complesso in cui l'architettura contemporanea instaura un dialogo serrato con le preesistenze, stimolando un sistema di relazioni che recupera una spazialità andata perduta con la costruzione della centrale.
La grande area definita "Corte Delle Sculture", spazio di aggregazione e di esposizione di sculture all'aperto, costituisce il nucleo più importante del progetto. Attorno alla corte gravita, e la caratterizza, un sistema architettonico lineare costituito da diversi volumi. A ovest, addossato alle case esistenti, un edificio ospita i nuovi servizi igienici e un ufficio informazioni turistiche; a nord un muro in calcestruzzo armato rivestito in calcare tenero sostiene una lunga passerella in acciaio e vetro, inquadrando con tre grandi aperture gli scavi archeologici e la vallata del San Leonardo; alle sue spalle, un piccolo edificio adibito a bar conclude il sistema architettonico lineare.
Tutta la nuova sistemazione si compone di un'architettura rigorosa e spazialmente compiuta; il sistema dei percorsi, a terra e in quota, permette l'uso totale dello spazio e la percezione di nuovi e sempre vari punti di vista.

This commission to build in Ragusa's old town required a special level of attentiveness and sensitivity, something that is especially true when designing contemporary architecture without false mimicry or a nostalgia-fired approach.
We responded to this commission with long-term, unwavering commitment, drafting a detailed project that took into account particular circumstances and restrictions. The Giardino Ibleo extension site lies in the old part of Ragusa Ibla, which gained Unesco-listed status in 2003. Rather bleak technical buildings were erected here in the 1950s to house an Enel electricity sub-station that was decommissioned in the '80s.
This job marked the completion of an overarching project encompassing two adjacent areas: a pine grove and the former Enel sub-station. The construction projects come together to create a whole, where contemporary architecture enters into a serried dialogue with what previously existed on the site, triggering a system of relationships that restores a sense of space.
The large area known as "Corte Delle Sculture", designed as a meeting place and venue for outdoor sculptures, is the project's focal point, characterized by a linear architectural system that expresses itself through the volumes.
To the west, backing on to existing houses, a building hosts new restrooms and a tourist info point; to the north, a reinforced concrete wall clad in soft limestone supports a long steel and glass walkway in which three large openings frame archeological excavations and the San Leonardo declivity; behind this, a small building housing a snack bar completes the architectural system.
The new layout is a manifestation of a spatially-complete architectural approach; the system of walkways, both raised and at ground level, makes it possible to fully exploit the space while offering perceptions of new, ever-changing viewpoints.

Planimetria
Site plan

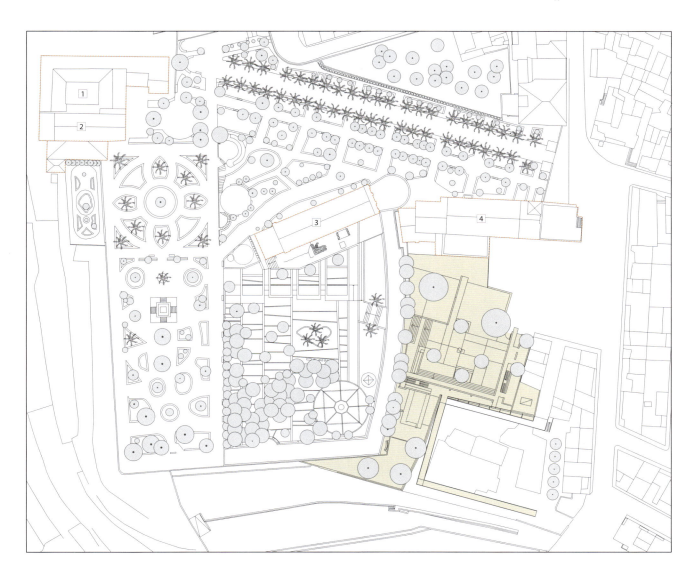

Area d'intervento
Intervention area

1. Convento dei Cappuccini
2. Chiesa di Sant'Agata
3. Chiesa di San Giacomo
4. Chiesa di San Vincenzo Ferreri

1. Capuchin convent
2. Church of Sant'Agata
3. Church of San Giacomo
4. Church of San Vincenzo Ferreri

Pianta dell'area d'intervento
Intervention area plan

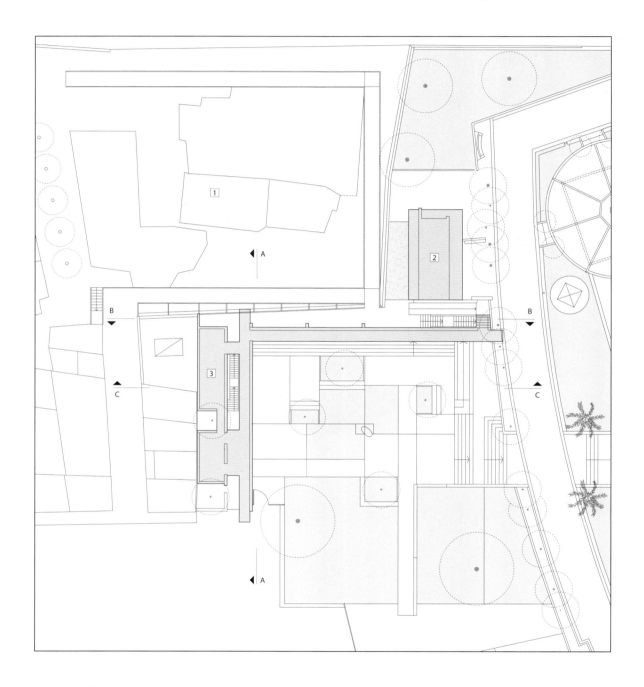

Area d'intervento
Intervention area

1. Scavi archeologici
2. Bar
3. Servizi igienici

1. Archaelogical excavations
2. Café
3. Restrooms

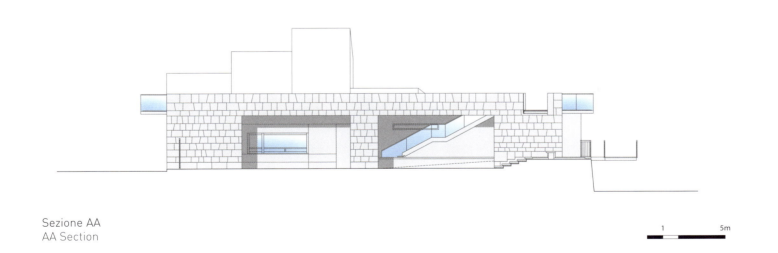

Sezione AA
AA Section

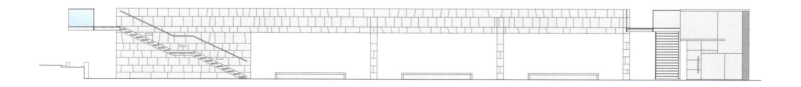

Sezione BB
BB Section

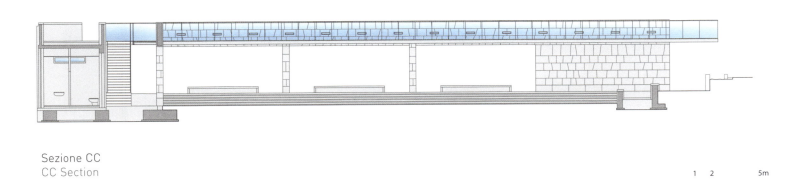

Sezione CC
CC Section

Dettaglio della passerella e della scalinata: Sezione verticale
Cantilever walkway and staircase detail: Vertical section

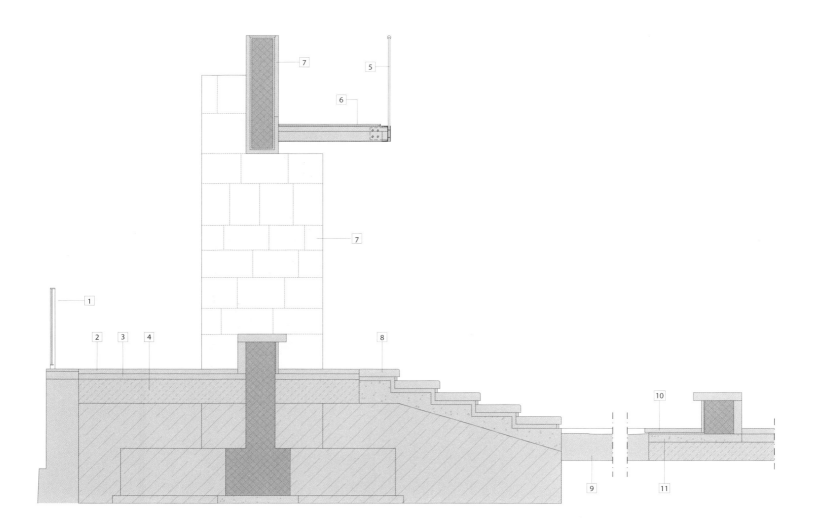

1. Recinzione in ferro
2. Pavimentazione in cocciopesto
3. Misto granulometrico
4. Misto di cava
5. Parapetto in vetro
6. Vetro opale antisfondamento antiscivolo
7. Pilastro rivestito in pietra di calcare tenero
8. Gradino in calcare duro
9. Terreno vegetale
10. Basole in calcare duro
11. Magrone

1. Iron fence
2. Cocciopesto flooring
3. Granulometric mix
4. Mixed quarry stones
5. Glass railing
6. Opal shatterproof antislip glass
7. Pillar covered in soft limestone
8. Hard limestone step
9. Vegatable soil
10. Hard limestone flooring
11. Lean concrete

Il centro informazioni turistiche
The tourist information center

La scala
The stairs

La passerella a sbalzo
The cantilever walkway

Ingresso ai servizi pubblici
Entry to public services

Il bar
The café

Il bar
The café

La passerella a sbalzo
The cantilever walkway

L'interno dei servizi pubblici
The interior of the public services

La scala
The stairs

L'interno del centro informazioni turistiche
The interior of the tourist information center

La corte
The court

La passerella a sbalzo
The cantilever walkway

Location: Ragusa Ibla, Sicily
Architect: Architrend Architecture
Design Team: Gaetano Manganello, Carmelo Tumino, Daniela Bartolotta, Maurizio Tumino
Collaborators: Patrizia Anfuso, Fernando Cutuli
Project Date: 1998
Completion Date: 2006
Materials: Steel, glass, stone
Site Area: 2,200 m²
Ground Floor: 125 m²
Photography: Umberto Agnello

Villa Carlotta Hotel

2005 - 2007
Ragusa, Sicily
"Conservation and reuse of a rural building"

Villa Carlotta Hotel

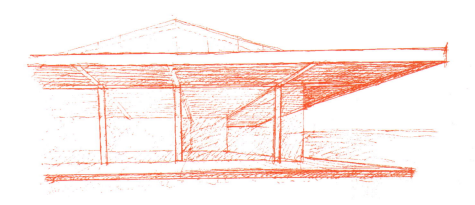

Questo progetto sigla un lungo rapporto professionale con la committenza, che ci ha dato fiducia fin dagli inizi della nostra professione. Tema dominante è la relazione dialettica tra il riuso come corpo delle camere di un fabbricato storico della fine dell'Ottocento, e la costruzione di una nuova hall-ristorante con struttura in acciaio, legno e vetro. Al fine di integrare questi volumi nel paesaggio circostante, abbiamo pensato di realizzare un giardino con essenze mediterranee, una piscina con pergolato in legno e un padiglione destinato a bar e locali servizi. L'intervento progettuale si configura così in due parti autonome, ma strettamente correlate; la prima riguarda il recupero e l'adeguamento funzionale del fabbricato rurale ad albergo e la sistemazione esterna del cortile-baglio di pertinenza; la seconda riguarda la realizzazione del giardino attrezzato con piscina. Il fabbricato rurale era parte di un complesso agricolo risalente alla fine dell'Ottocento, di proprietà della Marchesa Carlotta Schininà, comprendente vari fabbricati rurali adibiti a stalle, depositi, case dei contadini, oltre all'edificio principale - residenza della Marchesa - e una notevole estensione di terreni. Dovevamo intervenire attraverso scelte progettuali che - pur mantenendo le caratteristiche storiche dell'edificio - ne attuassero la trasformazione e il recupero conservativo, adeguandolo alla nuova destinazione d'uso.

L'altezza dei locali all'interno del fabbricato rurale esistente ci ha permesso la realizzazione di due livelli, collegati da una hall a doppia altezza con struttura in acciaio e pareti in vetro, elemento contemporaneo che dialoga con le preesistenze. Il ristorante ubicato all'interno della nuova struttura in acciaio e vetro si affaccia su un grande giardino con piscina. L'intervento si caratterizza per l'uso di materiali quali legno, vetro, acciaio, pietra, che dialogano con i materiali tradizionali presenti nel vecchio fabbricato rurale, la cui facciata in pietra diventa una parete interna della nuova hall. Un intervento complesso, attuato in un tempo relativamente breve, circa diciotto mesi, con una gestione del cantiere che ha comportato una presenza continua. Un risultato soddisfacente, sia per noi sia per la committenza nella persona del compianto Gino Malandrino, grande figura di imprenditore illuminato, e del figlio Mauro, patron del ristorante stellato La Fenice situato all'interno del corpo vetrato.

This project crowned a long-term working relationship with a client who has put their trust in us since the start of our careers. On this job, the dominant issue was a dialectic between repurposing an historical, late 19th-Century building for hotel bedrooms, and constructing a new hall and restaurant in a steel, wood and glass structure. We integrated these different volumes into the surrounding countryside by creating a garden of Mediterranean trees, a swimming pool with a wooden arbor, and a pavilion to house a snack bar and facilities rooms.
The project featured two autonomous but closely-interrelated jobs: the first was to reclaim and refurbish the rural building as a hotel, along with external work on an attached beamed courtyard, while the second was to build the garden equipped with a swimming pool. The rural building formed part of a farm complex dating back to the late 19th Century. Owned by Marchioness Carlotta Schininà, the property featured a number of rural buildings previously used as stall space, warehousing, farm laborers' homes, plus a main building, the Marchioness's residence, all on a rather large plot of land. Our design choices were to retain the building's historical characteristics while reclaiming, converting and upgrading it for its new use purpose.
The rooms within the existing building were sufficiently high for us to be able to carve out two floors, connected by a double-height steel structured hall with glass walls - a contemporary element that dialogues with the older building. The restaurant in this new steel and glass structure looks out over the ample garden and swimming pool. Our design is characterized by the use of materials like wood, glass, steel and stone that enter into a dialogue with the traditional materials in the old rural building, whose stone façade is now an internal wall within the new hall. This complex job, executed to a tight 18-month deadline, required continuous on-site site supervision presence.
The result pleased both us and our client, the sadly-missed Gino Malandrino, a great man and enlightened businessman, and his son Mauro, owners of the La Fenice starred restaurant which took up residence within the glass portion of the building.

Planimetria
Site plan

1. Piscina
2. Spogliatoi e servizi
3. Camere
4. Ristorante
5. Sala ricevimenti

1. Pool
2. Changing rooms and facilities
3. Bedrooms
4. Restaurant
5. Banquet hall

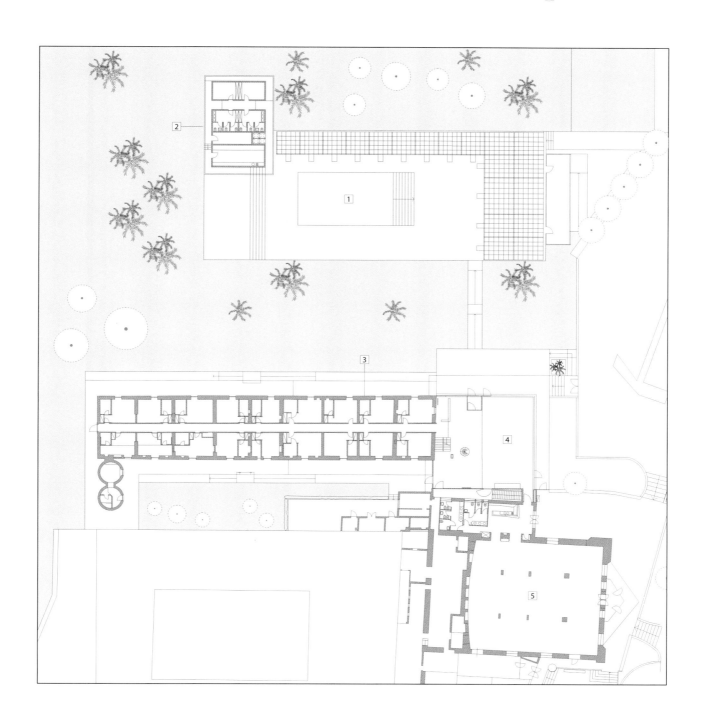

Pianta piano terra
Ground floor plan

Pianta primo piano
First floor plan

La hall d'ingresso a doppia altezza ricavata all'interno di un volume di nuova costruzione che continua la morfologia dell'edificio storico preesistente tramite l'utilizzo del vetro e dell'acciaio.

The double-height entrance hall inside a new-built volume continues the shape of the pre-existing historic building in glass and steel.

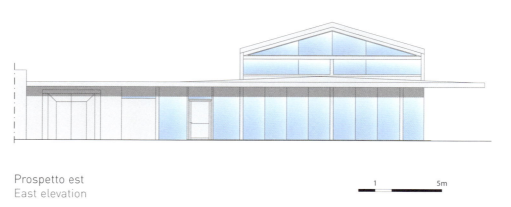

Prospetto est
East elevation

Prospetto nord
North elevation

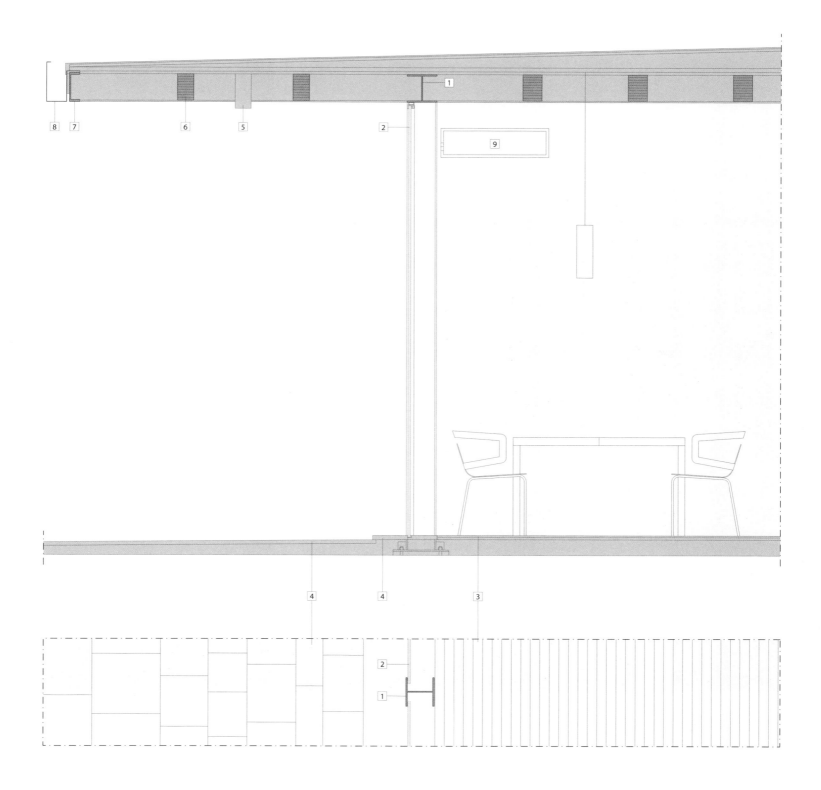

Dettaglio della parete vetrata del ristorante: Sezione verticale
Restaurant's glass wall detail: Vertical section

1. Struttura portante in travi HEA 220
2. Vetro 18/19 con sigillatura in silicone
3. Parquet in rovere
4. Lastra di pietra ragusana
5. Plafoniera
6. Trave in legno lamellare 12x20 cm
7. Trave di bordo UNP 220
8. Gronda
9. Canale di climatizzazione

1. Bearing structure in HEA 220 beams
2. 18/19 glass with silicone sealant
3. Oak parquet flooring
4. Ragusa stone slab
5. Ceiling fitting
6. 12x20 cm laminated wooden beam
7. UNP 220 edge beams
8. Roof guttering
9. Air conditioning duct

La vetrata del ristorante
The restaurant glass wall

Gli ex silos del grano
The former grain silos

La piscina e il portico
The pool and the porch

Il portico
The porch

La piscina
The pool

La piscina
The pool

Il corpo servizi nel giardino
The services in the garden

Il nuovo volume vetrato
The new glass volume

Il logo dell'hotel
The hotel logo

La hall d'ingresso
The entrance hall

La hall d'ingresso vista dal ristorante
The entrance hall from the restaurant

La suite
The suite

Location: Ragusa, Sicily
Architect: Architrend Architecture
Gaetano Manganello & Carmelo Tumino
Collaborators: Patrizia Anfuso, Fernando Cutuli
Project Date: 2005
Completion Date: 2007
Materials: Steel, glass, stone
Site Area: 15,000 m²
Ground Floor: 930 m²
First Floor: 620 m²
Photography: Umberto Agnello

Villa GM

2007 - 2010
Marina di Ragusa, Sicily
"Suspended pavilion"

Villa GM

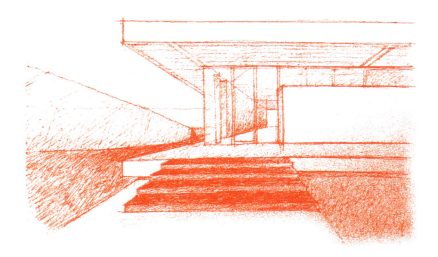

Questa villa a Marina di Ragusa, quasi un padiglione sospeso sul giardino con una spettacolare vista sul mare, è parte di un lotto residenziale affacciato sul Mediterraneo in direzione di Malta, nitidamente visibile nelle giornate luminose.
Il progetto si ispira al programma delle Case Study Houses (CSH), che John Entenza e la rivista da lui fondata *Art & Architecture* attuarono negli anni '50 coinvolgendo architetti quali Charles e Ray Eames, Pierre Koenig, Raphael Soriano, Craig Ellwood, Richard Neutra ed Eero Saarinen.
Simbolo del programma - e icona del lifestyle americano - è la Stahl House di Pierre Koenig, magistralmente fotografata da Julius Shulman, a cui con Villa GM abbiamo reso omaggio. La posizione del lotto e le assonanze culturali con quel programma hanno determinato le principali scelte progettuali di Villa GM, disposta con la sua conformazione a L intorno alla piscina con il grande solarium in doghe di larice. Lungo il perimetro della casa rivolto verso il mare, una vetrata assicura continuità tra interni ed esterni. Rispetto al giardino la casa è quasi sospesa: un bordo regolare e continuo, distaccato da terra, avvolge il volume, determina la linea di copertura, si collega con la linea della base, viene definito verticalmente dai muri laterali.
All'ingresso una scala in lamiera pressopiegata si svolge come un tappeto rosso, un omaggio a Oscar Niemeyer e alla rossa pensilina dell'Auditorium del Parco Ibirapuera a San Paolo.
Il giardino è stato pensato come una collezione di essenze mediterranee con il bordo verso mare sinuosamente definito da una zona per le piante grasse; alla base di alcuni palmizi, forme organiche in ghiaietto si stagliano sul prato, rimandando agli straordinari giardini di Roberto Burle Marx.
Gli arredi interni sono essenziali; le porte a tutt'altezza e a filo muro sui due lati sono in legno laccato bianco opaco, bianche come tutte le pareti della casa, le travi in legno della copertura, la cucina a isola rivolta verso la piscina. Il bianco determina uno spazio fluido che avvolge gli ambienti interni.
Le sedute del living, in grigio chiaro, si uniformano con il bianco degli arredi e il grigio cemento del pavimento. La luce sul tavolo è una sfera luminosa in vetro, ulteriore richiamo alla Stahl House di Pierre Koenig.

This country house at Marina di Ragusa - in practice, a pavilion suspended over a garden that benefits from spectacular sea views - stands on a residential plot that looks out over the Mediterranean towards Malta, which is clearly visible on bright days. The design was inspired by the Case Study Houses (CSH) program implemented by John Entenza (and the magazine he founded, *Art & Architecture*) in the '50s, involving architects such as Charles and Ray Eames, Pierre Koenig, Raphael Soriano, Craig Ellwood, Richard Neutra and Eero Saarinen.
Pierre Koenig's Stahl House, so masterfully photographed by Julius Shulman, was the symbol of this program; it became an American lifestyle icon. With Villa GM, we wished to pay homage to this. The plot's positioning and cultural assonances with that program conditioned the overarching design choices we made for Villa GM, specifically its L-shape configuration around a pool and broad solarium with a larchwood slat deck. The glazing ensures continuity between the interior and exterior along the entire perimeter of the house facing towards the sea. The house seems suspended over the garden - a regular, continuous edge that stands off the ground envelopes the volume, determining the roof line and connecting to the baseline; vertical definition is provided by the home's side walls. A press-bent steel plate stairway marks out the entrance like a red carpet, in homage to Oscar Niemeyer and his canopies, and to the red canopy at the Parco Ibirapuera Auditorium in São Paulo. The garden was conceived as a collection of Mediterranean trees. The edge of the garden facing the sea is sinuously defined by an area for succulents; at the base of the palms, organic gravel shapes stand out against the green sward, in a reference to Roberto Burle Marx's extraordinary gardens. The furnishings inside were kept essential: full-height doors, flush with the walls on two sides, are made from matte lacquered white wood - the same white as all of the interior walls, the wooden roof beams, and the kitchen with island that looks out towards the pool. This white gives an all-encompassing fluidity to the home's internal spaces. The seating in the living room is light gray, a hue that nuances the white furniture and the grey cement floor. The light over the table is a glass luminous sphere, in a further reference to Pierre Koenig's Stahl House.

Pianta piano terra
Ground floor plan

Le camere da letto sono rivolte verso la corte interna - occupata dalla piscina e parzialmente pavimentata con un deck in assi di larice impregnate in bianco - e verso il giardino retrostante.

The bedrooms face the inner courtyard occupied by the pool - which is partially paved with a white-impregnated larch plank deck - looking out towards the back garden.

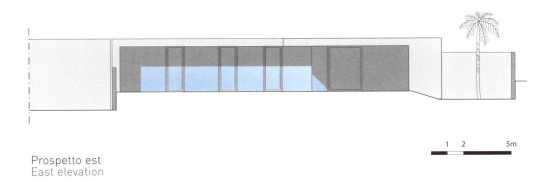

Prospetto est
East elevation

1 2   5m

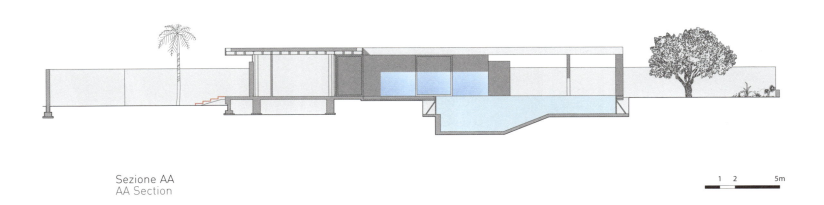

Sezione AA
AA Section

1 2   5m

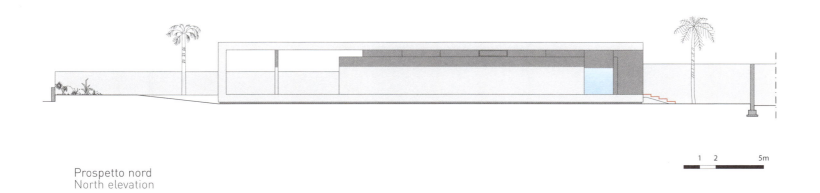

Prospetto nord
North elevation

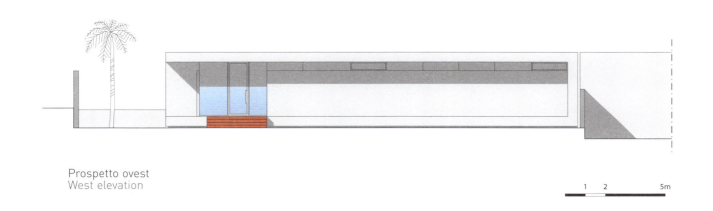

Prospetto ovest
West elevation

Dettaglio dell'ingresso: Sezione verticale
Entrance detail: Vertical section

1. Pannello in fibrocemento per esterni
2. Trave di bordo UPN 200
3. Grondaia in lamiera
4. Pannello in perlinato 2 cm
5. Trave in legno lamellare 12x20 cm
6. Tegole canadesi
7. Trave strutturale HEA 200
8. Colonna in acciaio Ø 200
9. Pavimentazione in cemento industriale
10. Scala in lamiera pressopiegata 8 mm

1. Fiber cement panel for outdoors
2. UPN 200 edge beam
3. Sheet metal gutter
4. 2 cm beaded wood board
5. 12x20 cm laminated wood beam
6. Canadian tiles
7. HEA 200 structural beam
8. Ø 200 steel column
9. Industrial concrete flooring
10. 8 mm press-bent steel plate staircase

L'ingresso
The entrance

La veranda coperta
The covered veranda

La piscina
The pool

La vetrata della camera da letto matrimoniale
The window of the double bedroom

Le camere da letto
The bedrooms

La veranda coperta
The covered veranda

La cucina-pranzo
The kitchen-dining area

La cucina
The kitchen

L'open space cucina-soggiorno
The open space kitchen-living room

L'interno di una camera da letto
The interior of a bedroom

La piscina vista dalla camera da letto matrimoniale
The pool from the double bedroom

Il giardino delle piante grasse
The succulent plant garden

Location: Marina di Ragusa, Sicily
Architect: Architrend Architecture
Gaetano Manganello & Carmelo Tumino
Collaborators: Patrizia Anfuso, Marco Garfi
Project Date: 2007
Completion Date: 2010
Materials: Steel, glass, wood
Site Area: 1,250 m²
Ground Floor: 180 m²
Photography: Moreno Maggi

2008 - 2010
Ragusa, Sicily
"Volumes and spaces used to distinguish architecture"

Villa PM

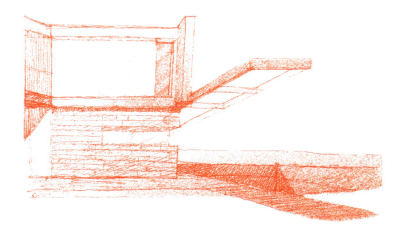

Quando ci siamo confrontati con questo progetto, ubicato in una particella inedificata all'interno di una lottizzazione periferica, eravamo consapevoli che l'architettura della nuova villa non avrebbe potuto avere alcun riscontro o riferimento con il paesaggio circostante. Troppo anonime le case intorno, banale edilizia con coperture spioventi a rappresentare tutto il repertorio nazionalpopolare dell'immaginario collettivo.
I nostri committenti, una coppia con figli, hanno condiviso le nostre scelte non proprio ordinarie, per raggiungere il risultato di una villa contemporanea, dall'immagine decisa, con un rapporto molto stretto tra interni ed esterni riferiti al giardino di pertinenza. L'identità della villa è costruita attraverso volumi semplici e articolati tra loro. Dalla strada l'unico elemento visibile è il muro perimetrale, alto abbastanza da celare la vista del giardino interno: un muro materico, rivestito in lastre di pietra lavica realizzate con un trattamento a occhio di pernice. Il percorso di accesso attraverso il giardino è segnato dalla presenza di una pensilina in acciaio e vetro che sbalza fortemente dal prospetto della casa, un elemento leggero che direziona lo sguardo verso l'ingresso.
L'accesso alla casa avviene direttamente nella zona living, interamente vetrata sui due lati prospicienti il giardino. Al centro, i due livelli dell'abitazione sono attraversati da un piccolo patio vetrato, un inserto che dona luce e verde agli ambienti interni e che costituisce un dispositivo bioclimatico per la regolazione della temperatura interna. Durante l'estate con la copertura aperta contribuisce infatti allo smaltimento del calore, mentre nelle giornate soleggiate d'inverno con la copertura vetrata chiusa accumula il calore facendolo affluire all'interno dell'abitazione. La presenza contemporanea di questa casa si impone sul paesaggio circostante con la sua immagine dotata di una propria identità, la sua architettura composta da pieni e vuoti, da trasparenze e aggetti, la matericità delle superfici in pietra, l'eleganza degli interni con arredi d'autore.
Varie pubblicazioni sul web e su riviste internazionali, una puntata della trasmissione "Le case di Leonardo" sui canali SKY, oltre al riconoscimento del premio Ance Catania 2011 nella categoria nuove costruzioni, sono state la giusta ricompensa all'impegno profuso per la sua realizzazione. Ricompensa e gratitudine che estendiamo all'impresa realizzatrice e a tutte le maestranze che hanno contribuito a dare forma al progetto. Ai proprietari va infine la nostra stima, per la fiducia e l'impegno dimostrato nel voler vivere un'abitazione di tali caratteristiche. La loro soddisfazione di abitare questa villa contemporanea rappresenta per noi un importante riconoscimento.

When we sat down to work on this project, for an unbuilt plot in a suburban area zoned for building, we were well aware that the new home's architecture could not rely on any feedback or cross-reference to the surrounding countryside. The nearby houses were too anonymous, too wedded to the straightforward slope-roof constructions that represent Italy's standard-issue idea of what a house should look like.
Our clients, a couple with children, came on board with our not exactly ordinary approach to achieving a contemporary stand-alone house with a strong character and a very close relationship between interior and exterior (the attached garden). The house states its identity through simple volumes arranged in a particular way. The only thing visible from the street is the wall running round the perimeter, which is high enough to conceal the garden from view. This extremely material wall is clad with slabs of "partridge-eye"-treated lava stone. The access route across the garden is picked out by a steel and glass canopy that juts out a considerable distance from the elevation of the villa to form a lightweight element that attracts the gaze towards the entrance.
Entrance to the house is direct into the living area, which is entirely glazed on the two sides looking out onto the garden. In the center of the home, a small glazed patio punctuates the building's two levels, providing light and greenery to the inner rooms while acting as a bioclimatic device to regulate internal temperatures. In the summer, the opened roofing helps disperse heat; on sunny winter days when the glazed roof is closed, it accumulates heat and directs it into the rest of the house. The contemporary nature of this project imposes itself on the surrounding landscape, thanks to its architecture of solids and hollows, transparencies and overhangs, the material nature of its stone surfaces, and its elegant interior with designer furnishings.
Many web publications and international magazines, including an episode of SKY channel's "Le case di Leonardo", have richly rewarded all of the effort that went into creating Villa PM. It also won the Ance Catania 2011 prize for the new-build category. We share these rewards and gratitude with the construction company and all of the craftsmen who helped turn this project into a reality. We also wish to pass on all our respect to the owners, for their trust and commitment to building a house like this. How happy they are to live in this contemporary detached home is an important reward for us.

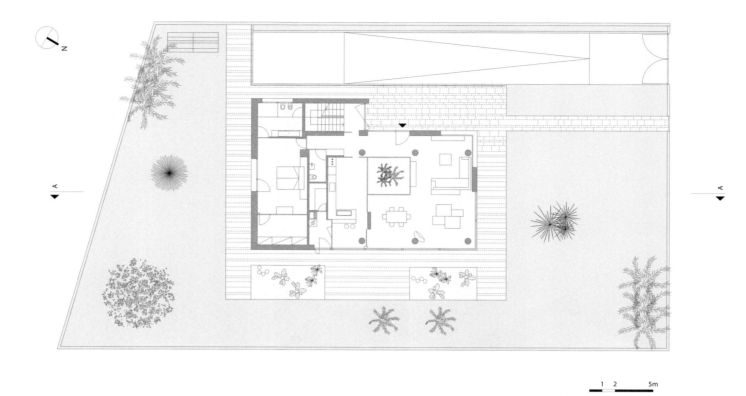

Pianta piano terra
Ground floor plan

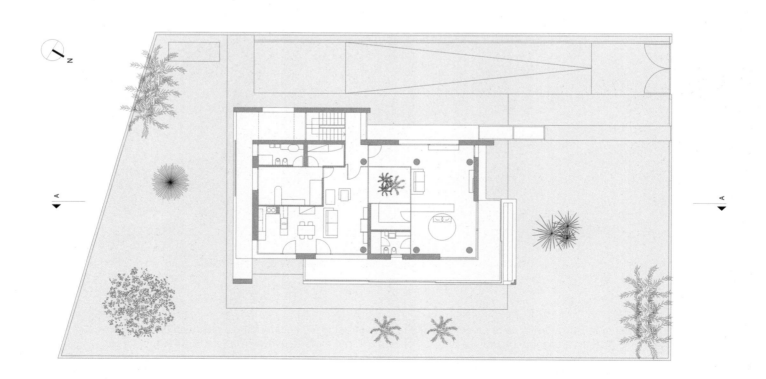

Pianta primo piano
First floor plan

Il rivestimento in pietra lavica della parete al piano terra contrasta con le superfici intonacate di bianco al primo piano; la finestra ad angolo restituisce uno scorcio sull'interno e mette in evidenza la struttura puntiforme.

The ground floor lava stone wall cladding contrasts with the first floor white plastered surfaces; the corner window offers a view into the interior, highlighting its punctiform structure.

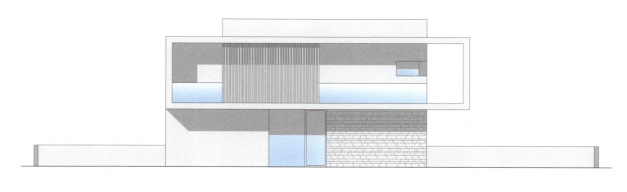

Prospetto sud
South elevation

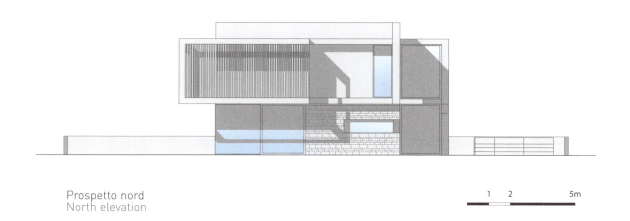

Prospetto nord
North elevation

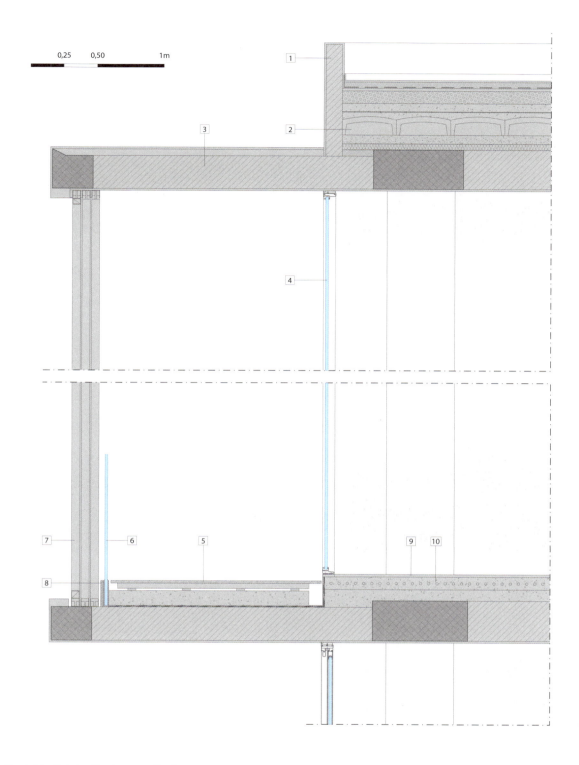

Dettaglio del ballatoio: Sezione verticale
Balcony detail: Vertical section

1. Laterizi forati
2. Solaio aerato
3. Sbalzo in laterocemento
4. Infisso vetrocamera in alluminio a taglio termico
5. Pavimento flottante in doghe di legno
6. Parapetto in vetro incassato
7. Frangisole in pannelli di alluminio scorrevoli
8. Rivestimento in legno
9. Pavimento in parquet
10. Impianto radiante di riscaldamento

1. Perforated bricks
2. Ventilated attic
3. Hollow-core overhang
4. Aluminum thermal break double-glazed window frame
5. Floating wooden slat floor
6. Recessed glass parapet
7. Sliding aluminum panel sunshade
8. Wood coating
9. Parquet floor
10. Radiant heating system

La casa vista dal campo adiacente
The house from the adjacent field

Lo sbalzo della facciata principale
The overhang of the main façade

Il prospetto sud
The south elevation

Dettaglio della facciata su strada
Detail of the façade on the street

Il ballatoio
The balcony

Il prospetto ovest
The west elevation

Il soggiorno
The living room

La corte interna
The inner court

La finestra ad angolo
The corner window

Dettaglio camera da letto-ballatoio
Detail of the bedroom-balcony

La camera da letto
The bedroom

La corte esterna al primo piano
The outdoor court on the first floor

Location: Ragusa, Sicily
Architect: Architrend Architecture
Gaetano Manganello & Carmelo Tumino
Collaborators: Fernando Cutuli, Marco Garfì
Project Date: 2008
Completion Date: 2010
Materials: Concrete, glass, lava stone
Site Area: 1,120 m²
Underground Floor: 220 m²
Ground Floor: 190 m²
First Floor: 190 m²
Photography: Moreno Maggi

Casa LR

2010 - 2012
Ragusa Ibla, Sicily
"A recovery operation on an existing rural building"

Casa LR

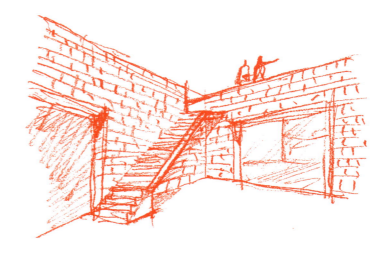

Proprietario della casa, situata su una collina che fronteggia il centro storico di Ragusa Ibla, è un imprenditore dell'ospitalità e ristorazione d'eccellenza. Il progetto recupera un rustico abbandonato, privo di qualità architettonica ma forte di una eccezionale posizione paesaggistica e panoramica. Intervenire in un contesto di pregio paesaggistico richiede e presuppone grandi responsabilità e sensibilità. Bisogna saper fare un passo indietro, evitando di imporre la propria personalità; occorre poi valutare bene le nuove opere, che devono fondersi con il paesaggio - senza per questo attuare un intervento mimetico - ed essere frutto di scelte consapevoli, che non implichino però la rinuncia a rendere visibile e intelligibile l'intervento. Dovevamo trasformare un rudere in una casa speciale, che sfruttasse al massimo la sua posizione privilegiata.
L'abitazione si sviluppa su due livelli sul fianco della collina. Vi si accede dalla zona giorno, in un grande ambiente al cui centro una scala conduce a livello inferiore nella zona notte; trasversalmente all'ingresso, un ampio spazio articolato tra cucina, soggiorno e pranzo si affaccia con grandi vetrate su Ragusa Ibla. La zona notte ospita tre camere da letto con relativi servizi igienici, uno studio e una cantina per i vini. Anche questi ambienti godono della vista su Ragusa Ibla, nel cui paesaggio spiccano le chiese settecentesche di San Giorgio e San Giuseppe, opere di Rosario Gagliardi, protagonista della ricostruzione del Val di Noto dopo il terremoto del 1693.
Dalla zona di ingresso, una scala esterna conduce alla terrazza, da dove il paesaggio e le abitazioni del fianco meridionale della collina di Ibla si percepiscono in modo particolarmente intenso. Qui una piccola piscina, luogo di relax e contemplazione, permette di godere di percezioni sempre mutevoli dell'ambiente esterno in tutte le stagioni (l'acqua è riscaldata).
La sintonia con il proprietario si è concretizzata anche nella scelta di utilizzare materiali locali per ricostruire alcune murature e per definire i livelli del giardino. Tra questi la pietra naturale, che dialoga con l'ambiente preesistente in un proficuo rapporto tra tradizione e contemporaneità.
"U mali a petra", il male della pietra, è, secondo un detto popolare, la passione per il costruire. I termini pietra e costruire si fondono, sono la stessa cosa: costruire un tempo significava infatti farlo con l'unico materiale disponibile, la pietra.
Per questo lavoro ci siamo posti in una posizione di ricerca, indagando il contesto, la cultura del luogo, la sua memoria.

The owner of this house set on a hill overlooking Ragusa Ibla old town is a leading hospitality and restaurant entrepreneur. The project involved recovering an abandoned cottage of no architectural quality per se, apart from its exceptional positioning and views. To work within the context of a much-appreciated landscape presupposes great responsibility and sensitivity. One must be able to take a step back to avoid imposing one's own will; one must make a level-headed assessment of what new work needs doing to blend in with the landscape without merely being some kind of mimetic job; works must be the result of reasoned choices that, however, do not imply renouncing the project's visibility and intelligibility. The commission was for transforming a ruined cottage into a special house, one that made the utmost of its privileged position. Spread over two levels on a hillside, the home is accessed via the living area, a large space with a central stairway leading to the lower bedroom level; across from the entrance is a broad space sub-divided into a kitchen, living room and dining room, all of which look out over Ragusa Ibla through large windows.
The lower level sports three bedrooms, each with its own bathroom, alongside a study and wine cellar, which do too enjoy views out over Ragusa Ibla's 18th-Century San Giorgio and San Giuseppe churches built by Rosario Gagliardi, the leading light in Val di Noto's post-1693 earthquake reconstruction.
From the entrance area, an external staircase leads up to a terrace with stunning views out over the countryside and the houses dotted over the southern flank of Ibla hill. On the terrace, a small heated swimming pool creates a space conceived for relaxation and contemplation, making it possible to enjoy ever-changing perceptions of the outside environment in all seasons.
We found ourselves on the same wavelength as the owner in the choice of local materials to rebuild walls, and of what levels to establish the garden on. The natural stone strikes up a dialogue with the previous environment in a beneficial to-and-fro between tradition and contemporaneity. "U mali a petra", a local expression that translates as "stone sickness", is a popular way of describing a passion for building. In this saying, the terms "stone" and "building" are interchangeable, because once upon a time they amounted to the same thing - building required the use of stone, the one material available for this purpose. On this job, we did a great deal of research into the context, local culture and local memories.

La piscina, posta sulla terrazza di copertura, offre un affaccio sul paesaggio con panorama sul centro storico, patrimonio Unesco, di Ragusa Ibla.

The pool, located on the roof terrace, offers views out over the landscape and Unesco heritage site Ragusa Ibla.

Le pareti che delimitano il cortile interno sono interamente trattate con un rivestimento in pietra di calcare duro che richiama la tradizione materica dei muri a secco del territorio ibleo.

The walls that enclose the inner courtyard are entirely coated in hard limestone that recalls the highly material tradition of Hyblaean area dry-stone walling.

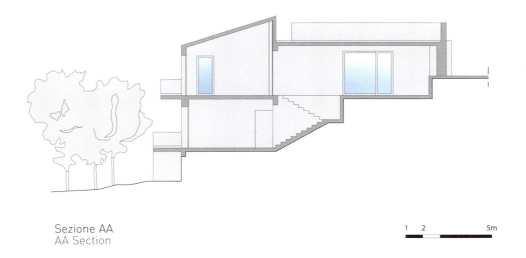

Sezione AA
AA Section

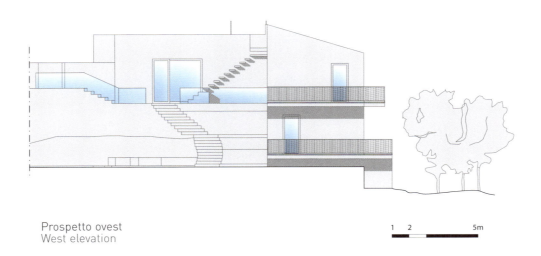

Prospetto ovest
West elevation

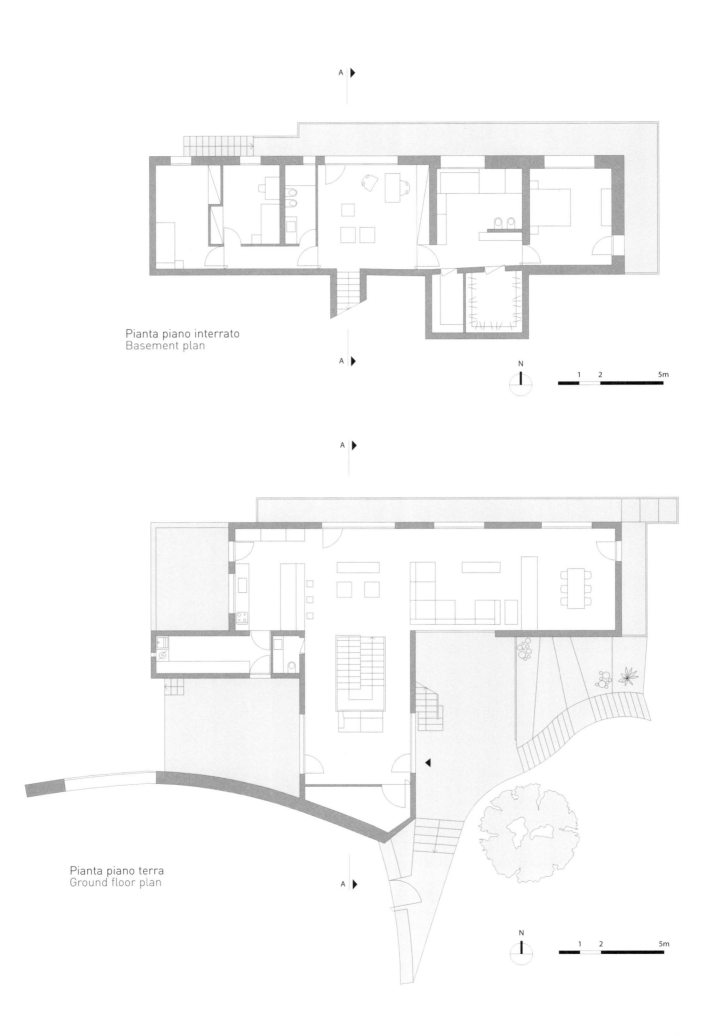

Pianta piano interrato
Basement plan

Pianta piano terra
Ground floor plan

La pavimentazione in listoni grezzi di rovere stabilisce una continuità tra il piano di calpestio e il rivestimento della scala; la finestra inquadra la vista sulle chiese di San Vincenzo Ferreri e di San Giacomo a Ragusa Ibla.

Rough oak plank flooring establishes continuity between the walking surface and the stair coverings; the windows frame the view of the churches of San Vincenzo Ferreri and San Giacomo in Ragusa Ibla.

La zona giorno si affaccia con ampie vetrate sul panorama di Ragusa Ibla e la Chiesa di San Giorgio.
La nuova copertura bianca in legno lamellare dona all'ambiente carattere e uniformità.

The living area's ample glazing offers views out over Ragusa Ibla and the church of San Giorgio.
The new laminated wooden roof adds character and a sense of uniformity to the space.

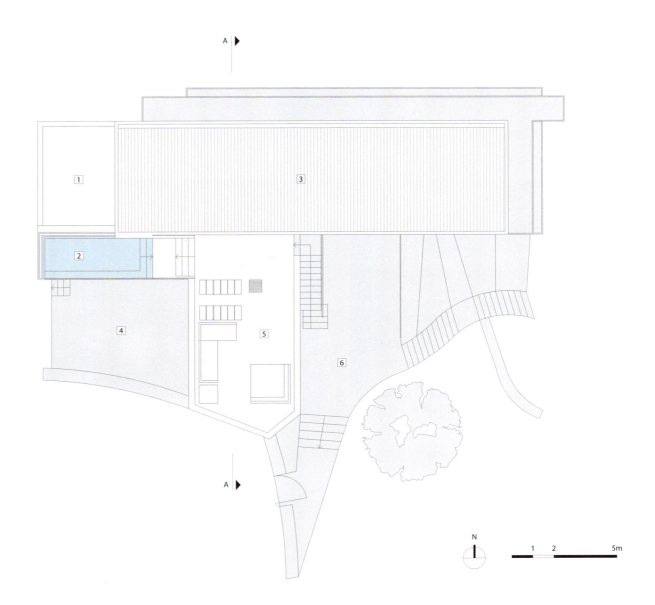

Planimetria
Site plan

1. Terrazza con vista su Ragusa Ibla
2. Piscina a sfioro
3. Corpo principale
4. Parcheggio
5. Solarium
6. Corte esterna

1. Terrace with view on Ragusa Ibla
2. Infinity pool
3. Main building
4. Parking
5. Solarium
6. Outdoor courtyard

Il prospetto est
The east elevation

La corte con giardino
The courtyard with garden

La scala esterna
The external staircase

La scala esterna
The external staircase

La piscina a sfioro con vista su Ragusa Ibla
The infinity pool with view on Ragusa Ibla

La piscina a sfioro con vista su Ragusa Ibla
The infinity pool with view on Ragusa Ibla

La cucina
The kitchen

La cucina
The kitchen

Il soggiorno
The living room

La zona pranzo
The dining area

Il bagno della camera padronale
The bathroom of the master bedroom

Il bagno della camera padronale
The bathroom of the master bedroom

Location: Ragusa Ibla, Sicily
Architect: Architrend Architecture
Gaetano Manganello & Carmelo Tumino
Collaborators: Patrizia Anfuso, Fernando Cutuli
Project Date: 2010
Completion Date: 2012
Materials: Wood, glass, stone
Site Area: 360 m²
Underground Floor: 145 m²
Ground Floor: 170 m²
Photography: Cristina Fiorentini

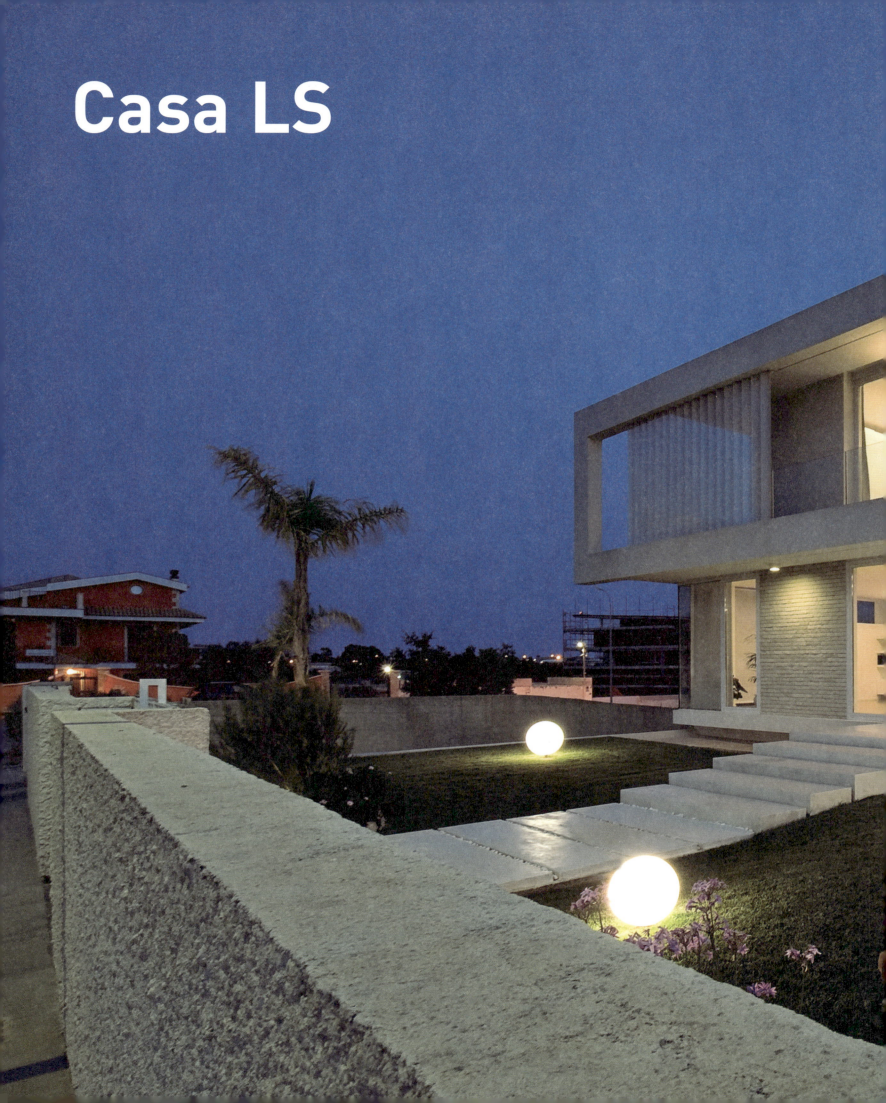

Casa LS

2010 - 2014
Ragusa, Sicily
"Sliding of surfaces and walls detached from the main volume"

Casa LS

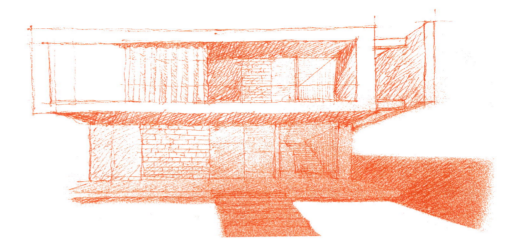

Una zona alla periferia della città, caratterizzata dalla classica lottizzazione di villette suburbane, sovrapposta però a un paesaggio un tempo dotato di grandi qualità ambientali. A testimoniare del valore antico del paesaggio, brani residuali di muri a secco, una masseria superstite con la sua struggente bellezza costituita dall'insieme delle sue caratteristiche essenziali, la corte, il baglio, il gioco dei volumi.
In questo contesto, il progetto di casa LS esprime la volontà di costruire una residenza contemporanea, che si distacchi dalle anonime costruzioni circostanti, prive di valori e di qualità ambientali.
Allo stesso tempo la nuova costruzione vuole riproporre un atteggiamento attento ai luoghi, in cui la qualità dell'abitare dipende dall'organizzazione dei suoi spazi funzionali, dai materiali utilizzati, dai rapporti che si instaurano con il paesaggio circostante.
L'edificio si distribuisce su due piani, con la zona giorno al piano terra e la zona notte al primo piano. La copertura piana, accessibile da una scala esterna, permette una visione panoramica del territorio. Il livello interrato è adibito a garage con una zona di servizi.
La villa sviluppa un gioco di superfici e pareti che si distaccano dal corpo principale.
Il fronte sulla strada presenta una cornice aggettante che delimita il primo piano, ampliando la dimensione orizzontale e proiettando la costruzione verso l'esterno.
Al piano terra, sospeso su una vasca d'acqua che perimetra due lati, si accede all'abitazione tramite una passerella costituita da una sottile lamiera.
Gli interni, ampi e luminosi, presentano un unico ambiente diviso per aree funzionali, ingresso, soggiorno, studio e pranzo. Affacciata sul pranzo si trova la cucina, che mantiene una sua autonomia spaziale. Una scala in acciaio e legno con gradini aggettanti porta al primo piano, dove un ampio ambiente disimpegna le due camere da letto e i relativi bagni.
Il progetto testimonia la possibilità di definire un'architettura che dialoga senza compromessi con il valore del contesto naturale del paesaggio, opponendosi ai disvalori introdotti nelle espansioni indifferenziate della città.

This is an area on the outskirts of town, characterized by typical small suburban detached houses on their own plots, in a landscape whose former impressive environmental qualities are partially visible today in residual pieces of dry stone wall and a surviving farm with the poignant beauty of all its essential features - a farmyard, beams, the interplay of its volumes.
It is against this backdrop that we created the LS house project to cater to our clients' desire to build a contemporary residence far removed from the anonymous surrounding buildings, which are lacking in environmental value and qualities.
At the same time, we wanted the new building to express a meticulous attitude to place, in which quality of living is manifested through the way its functional spaces are organized, what materials are used, and the relationships established with the surrounding landscape.
The two-floor villa has the living area on the ground floor and the sleeping area on the first floor. Its flat roof, accessed via an external staircase, offers panoramic views over the surrounding area, while the basement level offers garage space and a utilities area.
The house has an interplay of surfaces and walls detached from its main body.
Towards the street, the building's jutting frame delimits the first floor, expanding the horizontal dimension as it projects the building outwards.
On the ground floor, suspended over a pool of water that runs along two sides, a thin sheet metal walkway provides access to the home.
The building's bright, spacious interiors revolve around one big space divided into functional areas: an entrance zone, living room, study and dining area. The kitchen retains its own spatial autonomy while overlooking the dining room. A steel and wooden staircase with jutting steps leads up to the first floor, where a large hall space separates the two bedrooms and their bathrooms.
This project is a testament to an architectural approach that, without compromise, enters into dialogue with the values of the surrounding landscape and nature, counteracting the negatives of undifferentiated urban sprawl.

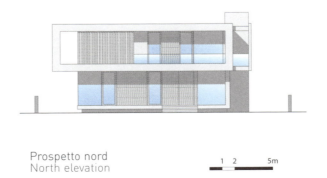

Prospetto nord
North elevation

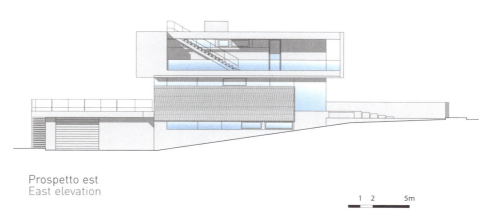

Prospetto est
East elevation

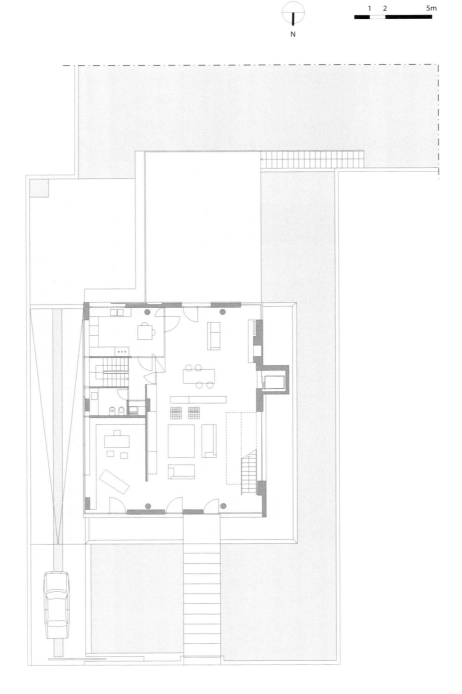

Pianta piano terra
Ground floor plan

Dettaglio della facciata: Sezione verticale
Façade detail: Vertical section

1. Solaio in laterocemento
2. Guaina cementizia
3. Doppia guaina impermeabile
4. Massetto cellulare
5. Coibentazione termoacustica in polistirene
6. Massetto copritubi
7. Pavimento in parquet
8. Colonna in calcestruzzo armato
9. Parapetto in vetro stratificato temperato
10. Vasca perimetrale
11. Passerella d'ingresso sospesa
12. Frangisole in lamiera microforata

1. Brick and concrete floor
2. Cementitious sheath
3. Double waterproof sheath
4. Cellular screed
5. Thermoacoustic insulation polystyrene
6. Pipe cover screed
7. Parquet floor
8. Reinfroced concrete column
9. Parapet in laminated glass temperate
10. Perimeter tank
11. Suspended entrance walkway
12. Sunscreen in micro-perforated sheet

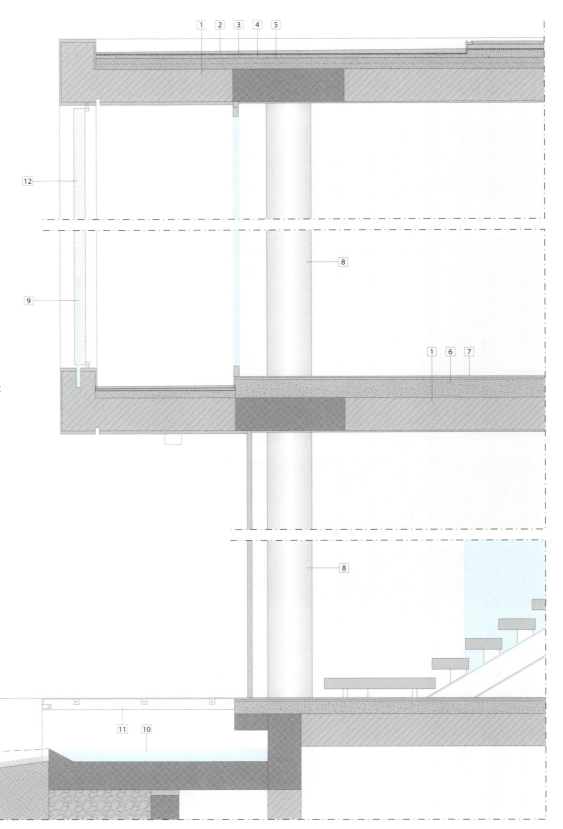

Il piano terra sospeso si riflette su una vasca d'acqua che perimetra due
lati dell'edificio. Si accede all'abitazione tramite una passerella costituita da
una sottile lamiera che scavalca lo specchio d'acqua.

The suspended ground floor reflects off the pool of water that surrounds the building along two sides.
Access to the home is via a thin, sheet metal walkway over the water.

La villa vista dalla campagna adiacente
The villa viewed from the surrounding countryside

Lo slittamento delle superfici
The slippage of surfaces

Vista notturna della villa
Night view of the villa

Il soggiorno
The living room

L'ingresso con la scala che conduce al piano superiore
The entrance with staircase leading to the upper floor

Dettaglio dell'innesto tra gradino e parapetto in vetro
Detail of the connection between the step and glass parapet

Il disimpegno al piano primo
The first floor hallway

La cucina
The kitchen

Vista del bagno dalla camera matrimoniale
View of the bathroom from the master bedroom

Il bagno della camera matrimoniale
The master bedroom bathroom

Zona pranzo
Dining area

La camera da letto singola
The single bedroom

Location: Ragusa, Sicily
Architect: Architrend Architecture
Gaetano Manganello & Carmelo Tumino
Collaborators: Fernando Cutuli, Marco Garfi
Project Date: 2010
Completion Date: 2014
Materials: Concrete, glass, wood, stone
Site Area: 1,100 m²
Underground Floor: 220 m²
Ground Floor: 165 m²
First Floor: 115 m²
Photography by Moreno Maggi

Casa NL-NF

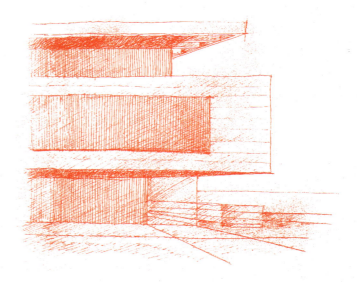

Lungo l'accesso principale a Ragusa venendo da Catania, viale delle Americhe è un esempio rappresentativo della periferia di molte delle nostre città. Un non luogo, sommatoria di una banale edilizia costruita tra la fine del vecchio e l'inizio del nuovo millennio senza il minimo disegno urbano. Le strade, pensate per le auto e non per le persone, collegano punti diversi di un agglomerato caotico, senza identità.
Qui, sul finire del 2010 abbiamo ricevuto l'incarico di progettare una residenza per una coppia di fratelli e le rispettive famiglie. Il nostro primo obiettivo è stato quello di affrancarci dall'edilizia circostante con un'architettura contemporanea. La morfologia regolare del volume è definita da un primo livello aggettante su tutti i lati, con uno sbalzo notevole verso il prospetto principale sul viale.
A livello materico abbiamo scelto il calcestruzzo a vista, che evidenzia la trama dei pannelli delle casserature. Il progetto è stato pensato in maniera globale, integrando l'esterno con gli interni delle due residenze sovrapposte, diversi ma caratterizzati da scelte comuni.
Si accede all'edificio da una strada posta sul lato posteriore. Qui il prospetto è caratterizzato da una griglia strutturale, aggettante sul piano terra, in cui una scala in acciaio, molto leggera, conduce all'abitazione al primo piano; l'abitazione al piano terra ha accesso tramite un percorso laterale protetto dall'aggetto del livello superiore.
Un frangisole costituito da profili verticali in alluminio anodizzato testa di moro scherma i prospetti. Il processo di anodizzazione dona una variazione tonale ai listelli e un gradevole effetto chiaroscurale.
La scala prosegue al secondo piano fino a una terrazza protetta da un pergolato in cemento.
A nord, la grande vetrata aggettante del soggiorno open space inquadra al primo piano il panorama verso l'altopiano; da qui nelle giornate limpide è possibile vedere anche l'Etna, distante un centinaio di chilometri.
Il tema della periferia è interpretato attraverso un volume compatto, che si distacca dall'edilizia circostante con discrezione. La sua presenza rappresenta un'eccezione di qualità, un esempio di come la periferia potrebbe essere. Un solo edificio non basta però a cambiare il contesto: per questo occorrerebbero una pianificazione unitaria e l'unione tra urbanistica e architettura, quanto mai necessaria per costruire pezzi di vera città.

The main road from Catania comes in to Ragusa along Viale delle Americhe, which is a representative example of the suburbs of many Italian cities: it is something of a non-place, an assembly of unimaginative buildings erected between the end of the old millennium and the beginning of the new, without a crumb of urban design. Designed for cars rather than people, the roads connect different parts of this chaotic, identity-lite agglomeration. It was against this backdrop that, towards the end of 2010, we were commissioned to build a house for two brothers and their respective families.
Our first objective was to exploit contemporary architecture to break free from the surrounding buildings. Our volume's regular morphology is defined by a first level that juts out on all sides, cantilevering considerably from the main elevation facing the avenue. As a material, we plumped for exposed concrete to highlight the weave of the formwork on the panels. We conceived the project globally, integrating the exterior and interior of the two residences, which are placed one on top of the other and, although different, are characterized by common choices.
Access to the building is gained from the street that runs along the back. The elevation here is characterized by a structural grid that juts out over the ground floor, where a particularly light and airy stairway leads to the first floor house; the ground floor home is accessed via a lateral route protected by an upper level overhang.
The elevations are protected by a sunshade that is made out of dark brown anodized aluminum vertical struts. The anodization process gives the slats tonal variation and an attractive chiaroscuro effect. The stairway continues up to the second floor, leading to a terrace sheltered by a cement pergola. To the north, the ample jutting window opens out onto the open-space first floor living area, framing a view out towards the plateau; on a clear day, it is possible to see the Etna, a hundred or so kilometers away.
The suburban setting led to an interpretation of a compact volume, so that it stands out discreetly from the surrounding buildings. Something of a quality-led exception, it is an example of how the suburbs could be. However, one building alone is not enough to change the surrounding context: something like that would require a unified planning approach, a coming together of town planning and architecture that is ever more necessary if we are to construct the pieces of a real city.

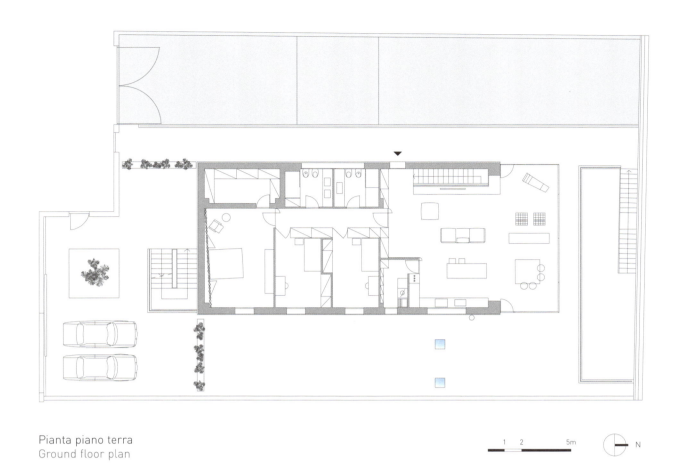

Pianta piano terra
Ground floor plan

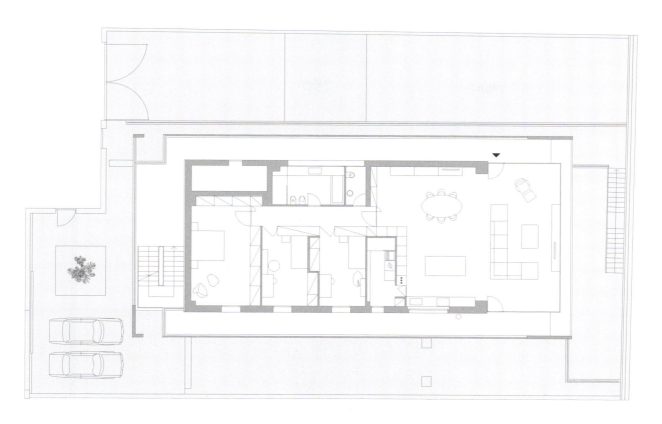

Pianta primo piano
First floor plan

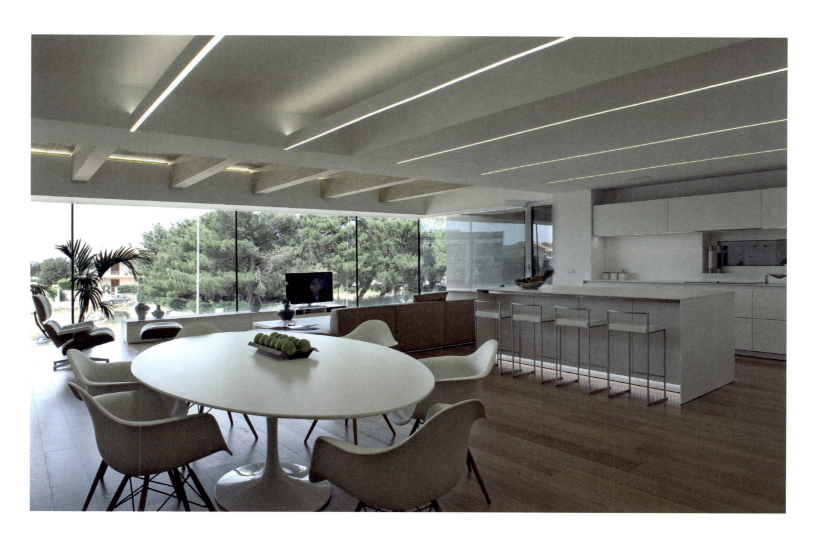

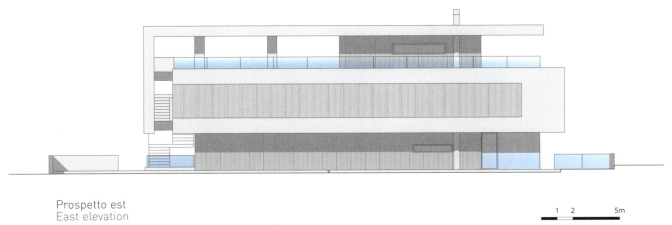

Prospetto est
East elevation

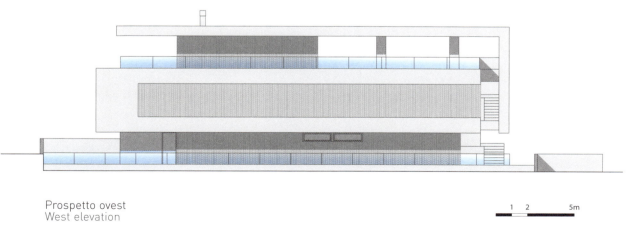
Prospetto ovest
West elevation

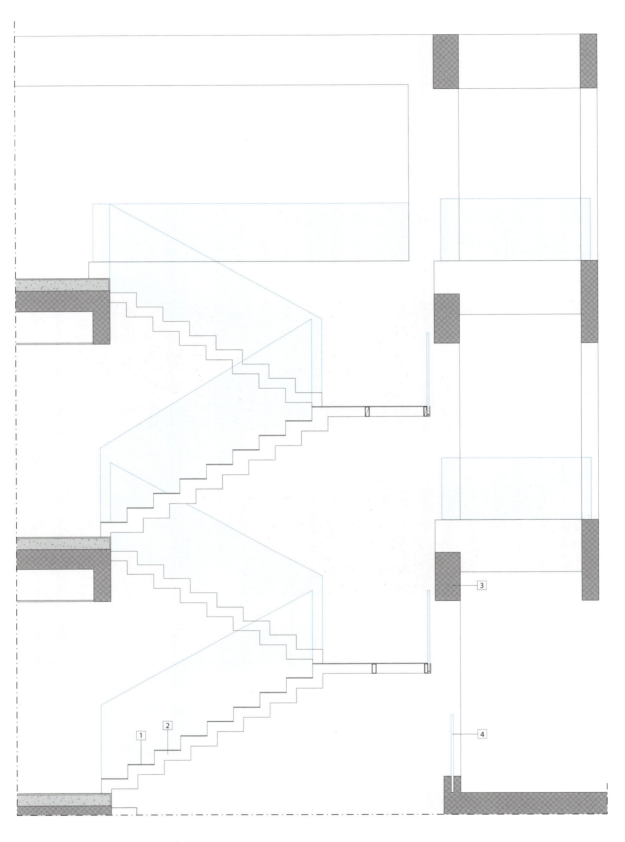

Dettaglio della scala esterna: Sezione verticale
External staircase detail: Vertical section

1. Pedata in lamiera pressopiegata
2. Profilato in acciaio colore testa di moro
3. Cornice in calcestruzzo armato
4. Parapetto in vetro incassato

1. Tread in bent sheet metal
2. Dark brown steel section
3. Reinforced concrete frame
4. Recessed glass parapet

Il prospetto est
The east elevation

Il prospetto sud
The south elevation

L'edificio visto dalla strada adiacente
The building from the adjacent street

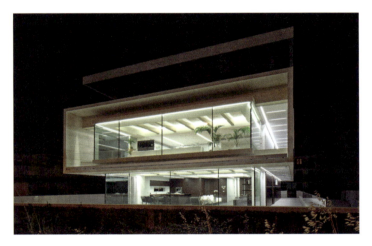

L'edificio visto dalla strada adiacente
The building from the adjacent street

La vetrata al piano terra
The window on the ground floor

La scala
The stairs

L'open space di casa NL
The open space of the NL house

L'open space di casa NF
The open space of the NF house

La camera da letto di casa NL
The bedroom of the NL house

La camera da letto di casa NF
The bedroom of the NF house

Il bagno di casa NL
The bathroom of the NL house

Il bagno di casa NF
The bathroom of the NF house

Location: Ragusa, Sicily
Architect: Architrend Architecture
Gaetano Manganello & Carmelo Tumino
Collaborators: Fernando Cutuli, Marco Garfi
Project Date: 2010
Completion Date: 2014
Materials: Concrete, glass, aluminum
Site Area: 750 m²
Underground Floor: 430 m²
Ground Floor: 200 m²
First Floor: 200 m²
Second Floor: Attic 95 m² + Terrace 95 m²
Photography: Moreno Maggi

2012 - 2014
Ragusa Ibla, Sicily
"A café-restaurant that reinterprets the elements of the past in a contemporary space"

MAD

Il ristorante MAD (Magazzini Donnafugata) occupa i locali degli ex magazzini annessi al palazzo Donnafugata, nel centro storico di Ragusa Ibla, sito Unesco.
Per uno studio di architettura che sviluppa i propri lavori con la certezza che essere contemporanei sia l'unica strada da seguire nel progetto, l'opportunità di operare in questo contesto, a diretto contatto con la chiesa di San Giuseppe progettata da Rosario Gagliardi, il grande architetto della ricostruzione post terremoto del 1693 nel Val di Noto, ha assunto i contorni di una sfida.
All'epoca dei primi sopralluoghi, il locale era stato da poco restaurato per ospitare i laboratori linguistici della nuova facoltà di Lingue di Ragusa Ibla, distaccamento dell'Università di Catania. Un restauro, diremmo ordinario, che aveva cambiato radicalmente la storicità e la spazialità degli ambienti.
Per questo progetto, poi felicemente realizzato, abbiamo avuto un serrato confronto con la Soprintendenza ai beni architettonici. Confronto che ha portato frutti proficui, grazie alla capacità e ampiezza di vedute dei funzionari della stessa Soprintendenza. Per il grande volume ritmato dagli archi in pietra abbiamo previsto la realizzazione di una nuova pelle in doghe di legno tinto nero, con integrata l'illuminazione a LED che attraversa la copertura e le pareti.
Il bar posto nel locale prospiciente la piazza è caratterizzato da un ambiente unico dove protagonista è l'antico portale laterale della chiesa barocca di San Giuseppe. Nella parete opposta al portale è stata ubicata la cucina a vista, separata dal bar da una grande vetrata. Il bancone del bar, in posizione centrale, è rivestito in lamiera grezza; lo stesso materiale riveste le pareti senza soluzione di continuità. La scelta dei materiali - legno, vetro, lamiera grezza, cemento per il pavimento - oltre a conferire un carattere contemporaneo all'intervento valorizza il grande ambiente con gli archi in pietra e la preesistenza storica del portale. L'impegno profuso in questo progetto di notevoli difficoltà realizzative, in un contesto di particolare valore storico, ci ha fatto ottenere nel 2015 il premio internazionale IN/ARCH Bar e Ristoranti d'Autore.

The MAD (Magazzini Donnafugata) restaurant occupies the former warehouse space adjacent to Palazzo Donnafugata, in the old part of Unesco-listed Ragusa Ibla.
For an architectural practice that pursues its work convinced that being contemporary is the sole way forward for design, the chance of working in such a context, in direct contact with the church of San Giuseppe designed by Rosario Gagliardi, the great architect of reconstruction after the 1693 earthquake in Val di Noto, was a major opportunity and challenge.
When we undertook our initial site survey, the premises had recently been restored to host language labs for the new Ragusa Ibla Language Faculty, a branch of the University of Catania. This rather standard restoration had radically modified the historic aspect and space division of the rooms.
This felicitously implemented project required a long back-and-forth with the local Superintendent of Architectural Heritage.
Thanks to the expertise and broadmindedness of the officials at the Superintendence, these discussions led to fruitful results. In the large volume cadenced by the stone arches, we came up with a new skin of black-stained wooden slats with integrated LED lighting across the ceiling and walls.
The café in the venue looking out over the piazza is characterized by a large open space in which the old side door to the Baroque San Giuseppe church plays a leading role. Separated from the café by a large glazed area, an open-plan kitchen stands opposite the portal. The large centrally-positioned bar counter is covered in raw sheet metal, while an unbroken sheet of the same material lines the walls.
The choice of wood, glass, raw sheet metal and cement for the flooring not only lends the design a contemporary look, it enhances the large room, its stone arches and historical portal. The intensive effort put into this project and its significant developmental challenges in a location of such valuable heritage value won us the IN/ARCH Bar e Ristoranti d'Autore international prize.

Il ristorante si trova nei locali dell'ex magazzino del palazzo Donnafugata nel centro storico di Ragusa Ibla, sito Unesco; in adiacenza la chiesa settecentesca barocca di San Giuseppe e Piazza Pola.

This restaurant is located in the former warehouse of the Donnafugata palace, in the Unesco-listed historic center of Ragusa Ibla. Next door is the 18th-Century baroque church of San Giuseppe and Pola Square.

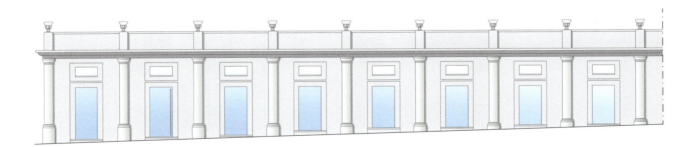

Prospetto nord su Corso XXV Aprile
North elevation on Corso XXV Aprile

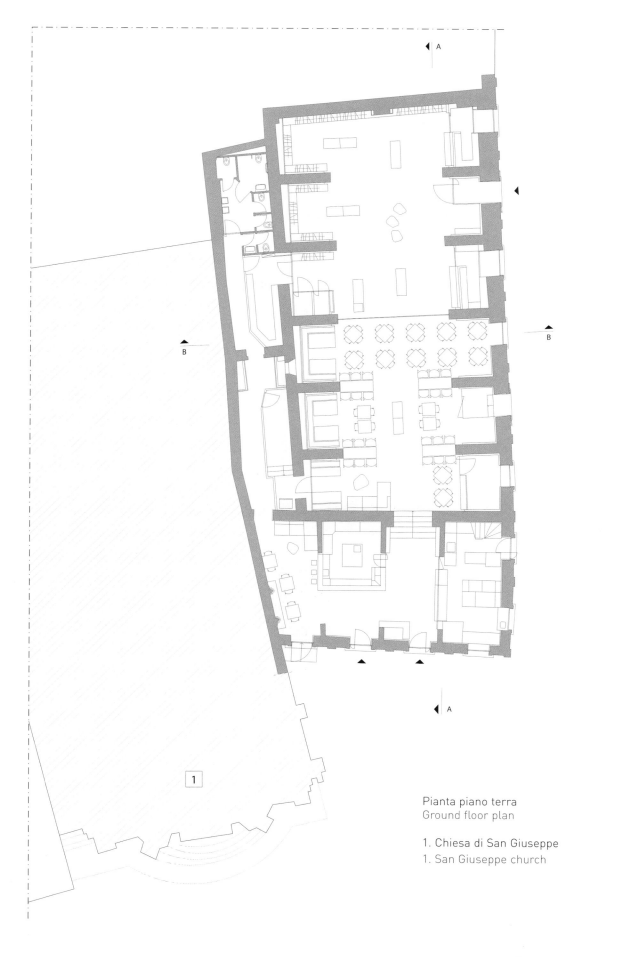

Pianta piano terra
Ground floor plan

1. Chiesa di San Giuseppe
1. San Giuseppe church

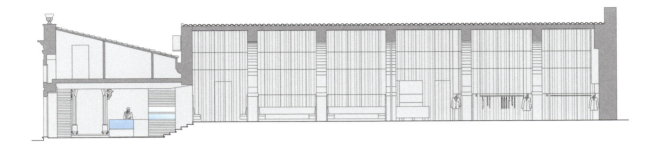

Sezione AA
AA Section

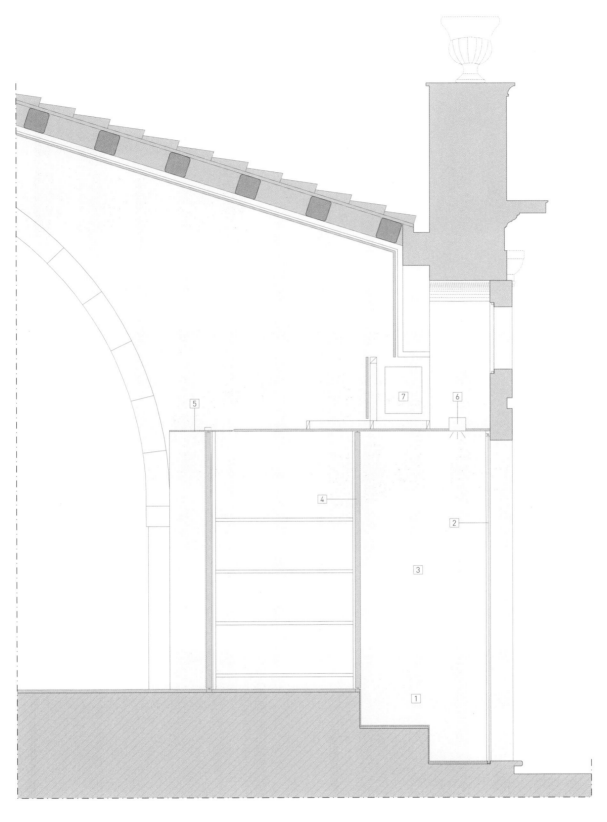

Dettaglio dell'ingresso: Sezione verticale
Entrance detail: Vertical section

1. Rivestimento in lamiera brunita
2. Vetro antisfondamento
3. Fianco in lamiera scura
4. Pannello in legno laccato
5. Cornice in lamiera scura
6. Faretto da incasso
7. Climatizzazione a incasso

1. Dark sheet metal coating
2. Shatterproof glass
3. Side in dark sheet metal
4. Lacquered wood panel
5. Dark sheet metal frame
6. Recessed spotlight
7. Flush-mounted air conditioning

L'edificio visto da piazza Pola
The building from Pola square

Il logo sulla vetrata
The logo on the window

Il bar
The café

L'atrio d'ingresso
The entrance hall

Il portale barocco della chiesa di San Giuseppe
The baroque walled door of the church of San Giuseppe

Il bagno
The bathroom

Il bancone del bar
The café counter

L'ingresso alla sala ristorante dal bar
The entrance to the restaurant from the café

La sala ristorante
The restaurant

La sala ristorante
The restaurant

Il rivestimento in legno della parete e del soffitto
The wooden wall and ceiling covering

L'ingresso del ristorante da Corso XXV Aprile
The restaurant entrance from Corso XXV Aprile

Location: Ragusa Ibla, Sicily
Architect: Architrend Architecture
Gaetano Manganello & Carmelo Tumino
Collaborators: Marco Garfi, Fernando Cutuli
Project Date: 2012
Completion Date: 2014
Materials: Concrete, wood, glass, sheet metal
Ground Floor: 580 m²
Photography: Giorgio Biazzo

Casa CFS

2012 - 2014
Ragusa, Sicily
"In the historic center of Ragusa. Interpretation beyond tradition"

Casa CFS

In controtendenza rispetto a quanto avviene in genere nelle grandi e medie città, il centro storico di Ragusa superiore subisce fenomeni di spopolamento e chiusura delle attività commerciali. Una situazione problematica, determinata da scelte urbanistiche sbagliate che hanno privilegiato il consumo di suolo e l'espansione edilizia residenziale e commerciale. Solo un nuovo PRG e un nuovo Piano particolareggiato, accompagnati da grandi investimenti nello spazio pubblico e nei servizi, potranno determinare un'inversione di tendenza.
Occorre credere nella forza del progetto di architettura, nell'unità tra piano e progetto.
Questo lavoro interviene all'ultimo piano di un palazzo ottocentesco, in pieno centro storico, nelle vicinanze della cattedrale. Sfruttando l'opportunità di collegare due edifici adiacenti, abbiamo riconfigurato uno spazio non utilizzato, dimostrando la possibilità di ricavare ambienti per la residenza interessanti da vivere attraverso la creazione di un alloggio con differenti livelli e articolazioni dello spazio.
Al livello inferiore, la pavimentazione omogenea in lastre di pietra pece costituisce l'elemento che uniforma tutti gli ambienti, tra i quali centrale è la cucina a doppia altezza, resa luminosa da un grande lucernario sovrastante il blocco a isola. Da qui una scala in ferro con gradini anch'essi in pietra pece conduce al livello superiore dove si trovano lo studio e una grande stanza di soggiorno con angolo cucina, che si apre attraverso ampie vetrate su una terrazza.
Gli arredi dal design contemporaneo costituiscono una presenza importante che contribuisce ad arricchire lo spazio. Gli elementi fissi in legno laccato sono su disegno, mentre per alcune pareti sono state previste pannellature forate e retroilluminate. È il caso del soggiorno, da dove un pannello girevole dà accesso alla zona notte e alla camera da letto principale. Il rapporto con l'ambiente urbano circostante e le sue emergenze monumentali si esplicita attraverso le finestre che inquadrano vedute del paesaggio, oltre alla terrazza del piano superiore con vista sul campanile della cattedrale.
Un progetto che privilegia la luce e la spazialità degli ambienti, per nulla intimorito dai vincoli legati alla progettazione in un palazzo storico, che sono stati superati attraverso soluzioni attente ai dettagli e all'uso dei materiali e grazie ad artigiani di eccellente livello qualitativo che con grande cura hanno realizzato le diverse soluzioni progettuali.

Bucking the general trend in large and medium-sized cities, the historic center of Upper Ragusa is suffering from depopulation and the closure of commercial activities. This challenging situation is the result of erroneous urban planning choices that have fostered land consumption and residential/commercial building sprawl.
Only a new PRG [General Regulatory Plan] and a new detailed plan, accompanied by major investments in public space and services, can turn this state of affairs around.
We must put our faith in the power of architectural design, in a unity between plan and project.
This job concerned the top floor of a 19th-Century building in the historic center of the town, not far from the cathedral. Taking advantage of an opportunity to connect two adjacent buildings, we reconfigured unused space and, in the process, showed it is possible to create interesting living spaces by carving out a home with different levels and a novel division of space.
On the lower level, pitch stone slab flooring throughout creates unity in the rooms, including a central double-height kitchen light-filled from a large skylight above the island. From here, an iron staircase with pitch stone steps leads to an upper level with the studio and a large living room and a kitchen corner, its ample windows providing access onto a terrace.
Contemporary-designed furniture is an important feature in this house, enriching the space with custom-made, built-in lacquered wood pieces. Some of the walls benefit from perforated and backlit panels. One such room is the living room, from which a swiveling panel provides access to the sleeping area and master bedroom.
The home's relationship with the surrounding urban environment and its landmarks is conducted through windows that frame views over the surroundings, and the upper floor terrace that looks out over the cathedral bell tower.
This project privileges light and spaciousness in its rooms, unintimidated by the constraints of designing within a historic building. Indeed, these constraints were overcome through solutions that focused on detail and a meticulous selection of the materials used, and thanks to craftsmen of the highest order who implemented the various design solution with meticulous care.

Cuore della casa, la cucina a doppia altezza resa luminosa da un grande lucernario sovrastante il blocco a isola. Tramite una scala in ferro con gradini in pietra pece, si accede allo studio, posto al livello superiore. Una superfice omogenea in lastre di pietra pece costituisce la pavimentazione.

The heart of the house is a central double-height kitchen, light-filled thanks to a large skylight over the island. An iron staircase with pitch stone steps leads to the studio on the upper level. The flooring is a uniform surface of pitch stone slabs.

Pianta secondo piano
Second floor plan

Pianta piano terrazza
Terrace floor plan

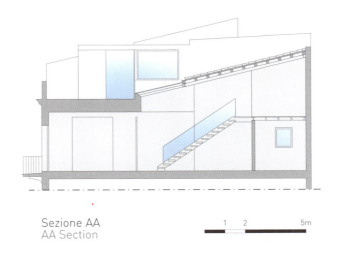

Sezione AA
AA Section

Al piano terra del palazzo si trova lo studio legale dei proprietari della casa.
Il recupero di questi locali ha previsto la valorizzazione del pavimento in pietra pece e degli archi in pietra preesistenti e l'inserimento di elementi contemporanei come le vetrate di suddivisione delle stanze, il parquet e gli arredi in legno laccato realizzati su misura.

The homeowners' legal practice is located on the ground floor of the building.
Recovery of these premises entailed making the most of the previous pitch stone flooring and stone arches, as well as inserting contemporary elements such as glazing to separate the rooms, parquet and bespoke lacquered wood furnishings.

La cucina a isola
The island kitchen

La successione degli ambienti della zona giorno
The series of living areas

La zona pranzo
The dining area

La zona pranzo
The dining area

La cucina a isola
The island kitchen

La scala con gradini in pietra pece
The staircase with pitch stone steps

Lo studio al piano superiore
The upstairs study

Il soggiorno al piano superiore adiacente la terrazza
The upper floor living room adjacent to the terrace

Il bagno
The bathroom

La camera da letto matrimoniale
The master bedroom

La parete attrezzata del soggiorno
The living room fitted wall

L'angolo cucina al piano superiore
The upper floor kitchen corner

Location: Ragusa, Sicily
Architect: Architrend Architecture
Gaetano Manganello & Carmelo Tumino
Collaborators: Fernando Cutuli,
Marco Garfì, Savina La Carrubba
Project Date: 2012
Completion Date: 2014
Materials: Stone, glass, steel
Living Area Floor: 270 m²
Mezzanine: 22 m²
Terrace: 55 m² + 55 m²
Photography by Moreno Maggi

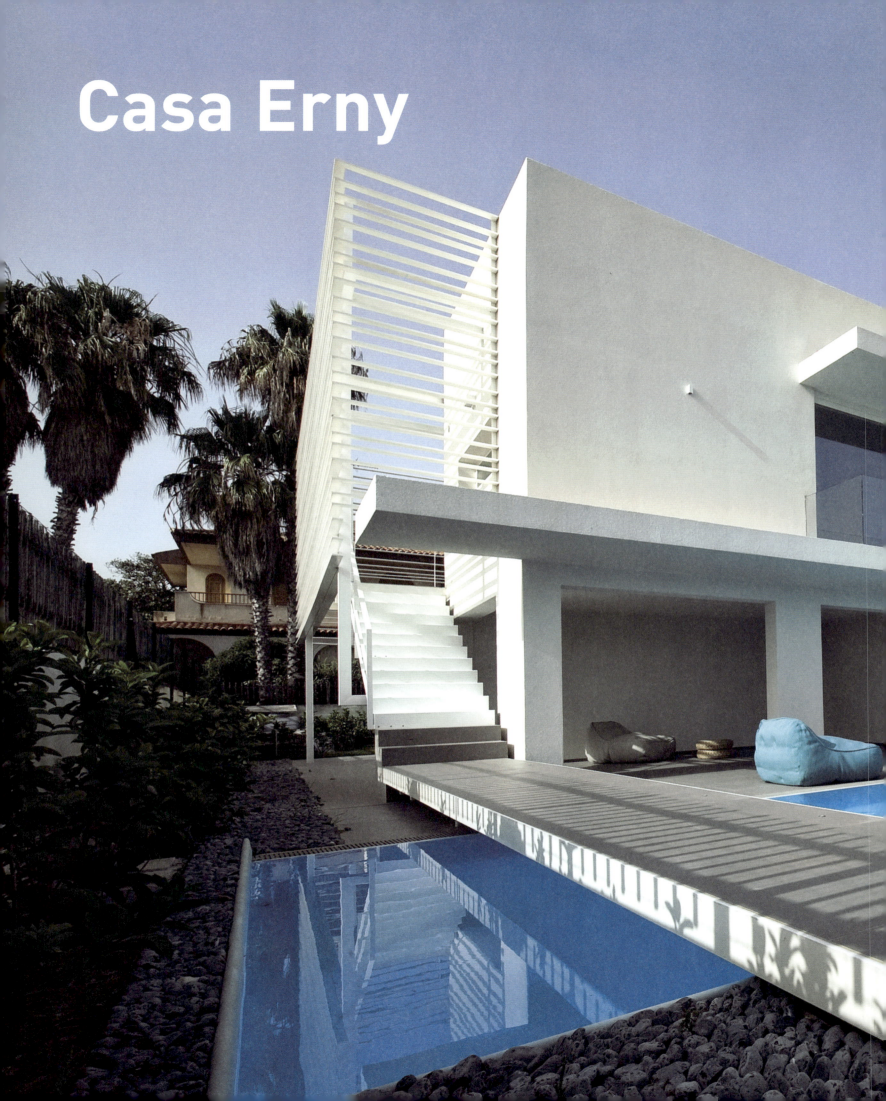
Casa Erny

2012 - 2014
Marina di Ragusa, Sicily
"A house in front of the sea"

Casa Erny

Questa casa è il risultato di un tipo di intervento che spesso ci troviamo ad affrontare. Una casa sul lungomare di Marina di Ragusa - espansione e continuità del precedente lungomare degli anni '60 - acquistata da nuovi proprietari e da trasformare a partire da nuove esigenze. Una preesistenza costruita negli anni '80, che ci ha permesso di realizzare un progetto su un sito molto panoramico, dove oggi non sono più possibili nuove edificazioni. Marina di Ragusa è una località balneare molto apprezzata, con spiagge che godono da diversi anni del prestigioso riconoscimento della bandiera blu.

A partire da questa posizione privilegiata, le nostre scelte si sono sviluppate di conseguenza attraverso un intervento che cambia totalmente l'edificio preesistente. La richiesta di un grande terrazzo attrezzato, panoramico, ha determinato la rimozione della copertura a falde preesistente. Ecco il caso concreto in cui le necessità funzionali si sposano perfettamente con la nostra idea di architettura. Volevamo realizzare una casa che definisse un nuovo standard architettonico rispetto alle case del contesto adiacente. Abbiamo così costruito un edificio solare, mediterraneo. Una casa radiosa nei suoi bianchi netti, collegata con il paesaggio marino. Nello spazio antistante la casa, è ubicata una piscina che specchia il fronte principale, esaltando la purezza del disegno contemporaneo della villa.

Sul retro, dovendo delimitare e proteggere gli spazi esterni, abbiamo realizzato due pareti frangisole a doppia altezza, in profilati di alluminio. Si viene così a creare un patio interno che i proprietari, una giovane coppia sensibile e appassionata di architettura contemporanea, amano definire "voliera".

La scala esterna in metallo, richiamo all'architettura navale, conduce sul terrazzo, protetto da una pergola che presenta gli stessi elementi in acciaio e alluminio delle pareti frangisole.

Nel trasformare una preesistenza, l'architetto agisce con la volontà di valorizzare uno spazio. In questo caso abbiamo lavorato con committenti sensibili in un contesto privilegiato, con l'obiettivo di dare vita a qualcosa di nuovo e attrattivo. Ne è risultata una costruzione radicalmente diversa dalla preesistenza, che fa della sua purezza realizzativa un tratto distintivo. Essa riqualifica, con la sua presenza, una parte di lungomare, testimone dell'importanza dell'architettura nel valorizzare un contesto e il paesaggio, affrancandolo dal resto del costruito.

This home is a typical example of the kind of job we are often called in to perform. A house along the Marina di Ragusa seafront - an extension and continuation of the previous '60s-built seafront - was purchased by new owners who wanted to convert it to their own needs. The previous building, erected in the '80s, enabled us to create a design on a highly-panoramic site where today no planning permission would be given for a new-build. Marina di Ragusa is a much sought-after seaside location. For a number of years now, its beaches have earned the prestigious "blue-flag" award for its clean waters. Starting with its privileged position, the choices we made took into account the fact that this job would totally change the previous building. The clients' request for a large, panoramic furnished terrace meant dismantling the previous sloping roof. This was a perfect job for concrete, a case where functional needs fitted perfectly with our idea of architecture.

We were keen to design a house that set new architectural standards compared with the surrounding villas. This we did by building a sunny, Mediterranean home, radiant in clean white, and connected to the marine landscape. A pool in the front reflects the main façade and showcases the purity of the house's contemporary design. At the back, we outlined and protected the external space by putting up twin double-height sun-shade walls made out of aluminum sections. This allowed us to carve out an internal patio that the owners, a young couple sensitive and enthusiastic to contemporary architecture, took to calling their "aviary".

With a tip of the hat to naval architecture, an external metal staircase leads up to the terrace, which is protected by a pergola made out of the same elements, steel and aluminum, as the sunshade walls. When converting a previously-existing structure, architects are motivated by a desire to make the most of the space. On this job, we worked with switched-on clients in a privileged context, allowing us to pursue our aim of bringing something new and attractive into the world. The new construction differs radically from the previous building, wearing the purity of its implementation on its sleeve. Its presence provides an upgrade to a stretch of the seafront, demonstrating how important architecture can be in improving a context and the landscape by standing out from the remainder of a built-up environment.

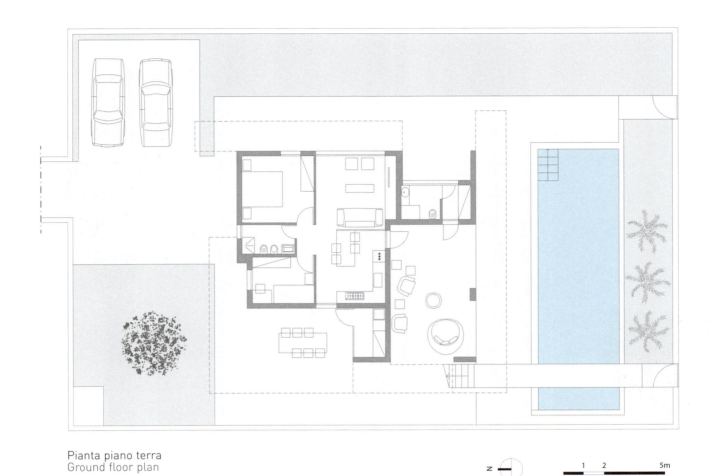

Pianta piano terra
Ground floor plan

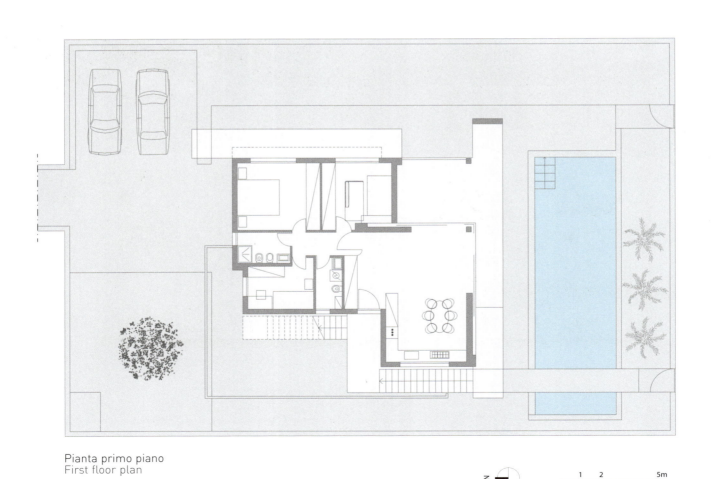

Pianta primo piano
First floor plan

L'elemento frangisole, realizzato in listelli bianchi di alluminio, avvolge la casa su due lati rivestendo la scala esterna e parte del prospetto posteriore. Esso prosegue in copertura sotto forma di pergolato leggero in lamelle bianche che offre protezione dal sole a chi usufruisce della terrazza.

The sunshade element, made out of white aluminum slats, envelops the home on two sides, covering the external stairway and a portion of the rear prospect. It continues up on the roof in the form of a lightweight, white-slatted pergola that offers sun protection for people enjoying the terrace.

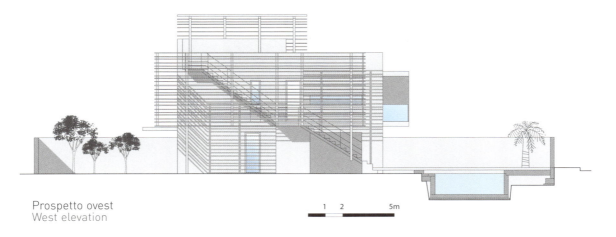

Prospetto ovest
West elevation

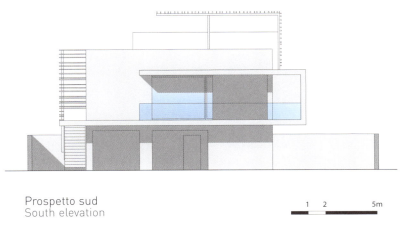

Prospetto sud
South elevation

L'edificio preesistente prima dell'intervento
The pre-existing building before the intervention

Il prospetto sud
The south elevation

La casa vista dal lungomare Andrea Doria
The house from Andrea Doria waterfront

La terrazza
The terrace

Il pergolato e i frangisole in alluminio
The aluminum pergola and sunshades

La terrazza
The terrace

Dettaglio della facciata
Detail of the façade

Il prospetto nord
The north elevation

I frangisole in alluminio circostanti la scala
The aluminum sunshades surrounding the staircase

Il salotto all'aperto
The outdoor lounge

La piscina
The pool

La piscina
The pool

Location: Marina di Ragusa, Sicily
Architect: Architrend Architecture
Gaetano Manganello & Carmelo Tumino
Collaborators: Marco Garfi, Fernando Cutuli
Project Date: 2012
Completion Date: 2014
Materials: Concrete, glass
Site Area: 685 m²
Ground Floor: 75 m²
First Floor: 95 m²
Photography: Giorgio Biazzo, Moreno Maggi

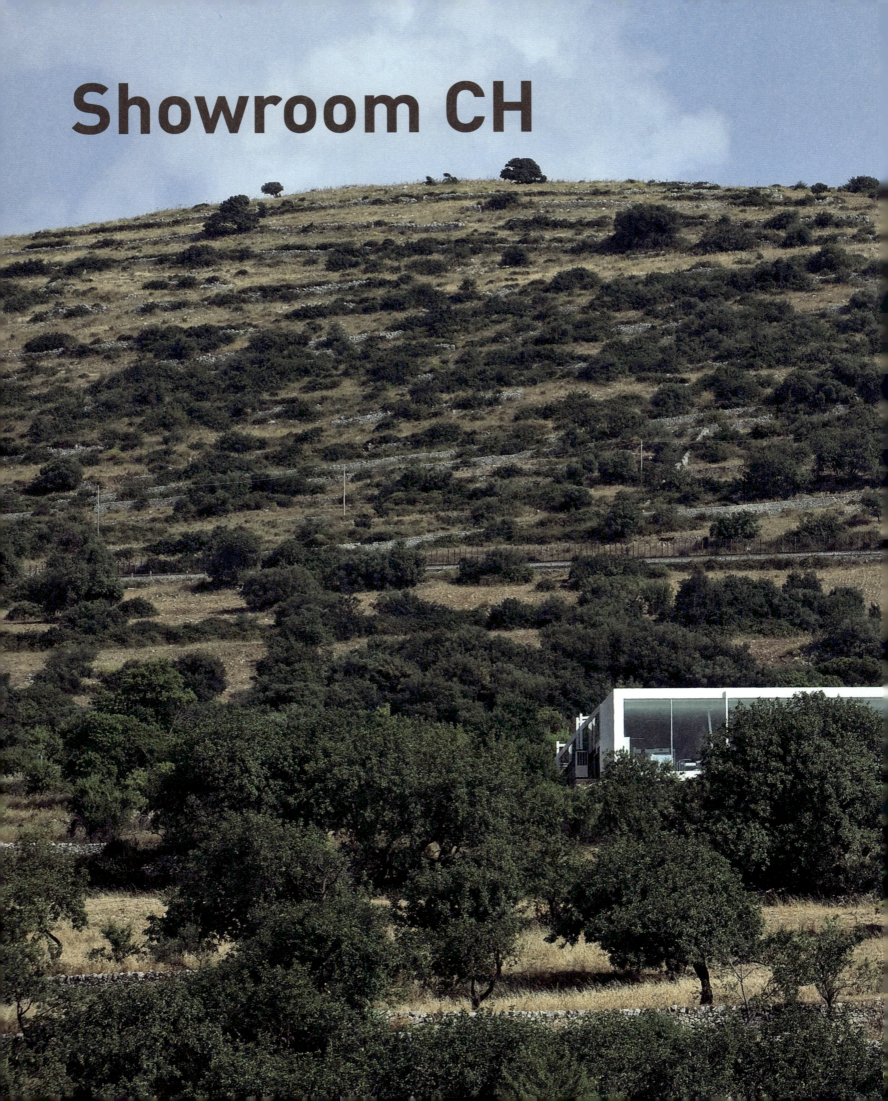

Showroom CH

2010 - 2014
Comiso, Sicily
"A new exhibition space as a large window on the landscape"

Showroom CH

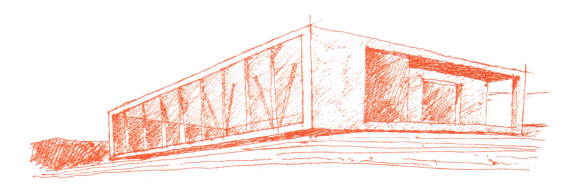

Lo showroom CH nasce dall'intervento di ampliamento di una costruzione esistente (a sua volta derivata dal recupero di una precedente struttura allo stato rustico), ubicata in un contesto paesaggistico di eccezionale valore alle pendici dell'altopiano Ibleo, sulla strada che collega Ragusa alla vicina città di Comiso. Il sito permette di spaziare con la vista a sud verso il mare Mediterraneo, la città di Comiso e il suo aeroporto, a nord verso l'Etna.

Il progetto ha ridefinito l'immobile esistente attraverso la realizzazione in adiacenza ad esso di una nuova struttura comprendente un portico che funge da ingresso allo showroom, cui si aggiunge un padiglione sospeso sul lato a valle che guarda verso il paesaggio.

Le strategie progettuali hanno ridefinito i fronti della costruzione preesistente, ripulendola da gran parte degli elementi che la caratterizzavano in senso classicheggiante. Sono state coperte con una controparete in fibrocemento tutte le cornici in pietra delle aperture esistenti, compreso il cornicione sommitale della copertura.

Sui fronti nord e ovest è stato costruito il nuovo portico, alto quanto l'edificio preesistente, che caratterizza e individua l'accesso allo showroom. A sud, affacciato verso il paesaggio, il portico si trasforma in un padiglione con struttura metallica e copertura leggera. Il fronte di questo nuovo padiglione, adibito a funzioni espositive, è caratterizzato da una grande cornice vetrata che inquadra il paesaggio. Dall'interno del padiglione si ha così un rapporto diretto con la vista verso Comiso e il suo centro storico. La sera, il padiglione si accende e si trasforma in una lanterna luminosa nella campagna, con le luci della città visibili dal suo interno.

L'architettura volutamente semplice evidenzia un bianco volume di forma regolare, riducendone al minimo le componenti, ed esaltandone al tempo stesso l'immagine scultorea che si staglia nel paesaggio rurale. Tutte le nuove aperture sono state disegnate con infissi a scomparsa, lasciando il vetro protagonista, mentre le luci e i sistemi di condizionamento sono a incasso nel controsoffitto.

È previsto, nella copertura del padiglione in posizione non visibile, un impianto a pannelli fotovoltaici, mentre sulla copertura dell'edificio preesistente sarà realizzata una grande terrazza panoramica, pavimentata in legno e adibita ad esposizione di arredi per esterni.

The CH showroom is an extension and evolution of an existing building (in turn, created from the redevelopment of a previous rustic structure) located in a landscape of exceptional value on the slopes of the Hyblaean plateau, along the road that connects Ragusa with the nearby town of Comiso. The site offers views to the south, out towards the Mediterranean Sea, the city of Comiso and its airport, and to the north towards the Etna.

The design redefined the existing building by building a new structure next to it featuring a porch that serves as the entrance to the showroom, plus a pavilion suspended on the valley side, overlooking the landscape.

Our design approach redefined the fronts of the pre-existing construction, cleansing it of most of its characteristic classical-inspired elements. All of the stone frames around the previous openings were covered over by a fiber cement counter-wall, including a cornice around the roof.

A new portico was added along the north- and west-facing fronts as high as the existing building, in order to characterize and identify access to the showroom. To the south, on the landscape side the portico turns into a pavilion with a metal structure and light roof. The front of this new pavilion, which is used for display-related purposes, is characterized by a large glass structure that frames the landscape. From inside the pavilion, visitors enter into a direct relationship with the view towards Comiso and its historical center. In the evenings, the pavilion lights up to become a bright lantern in the countryside; the city's lights remain visible from inside.

Our deliberately-simple architecture showcases a white volume with a regular shape, reducing its components to a minimum while at the same time enhancing its sculptural image against the rural landscape. All of the new openings were designed with concealed fixtures to leave glass as the unencumbered star; the lights and air conditioning systems are recessed into a false ceiling.

A photovoltaic panel system will be installed on the pavilion roof in a non-visible position, while a large panoramic terrace will be built on the roof of the existing building, decked in wood and used to display outdoor furniture.

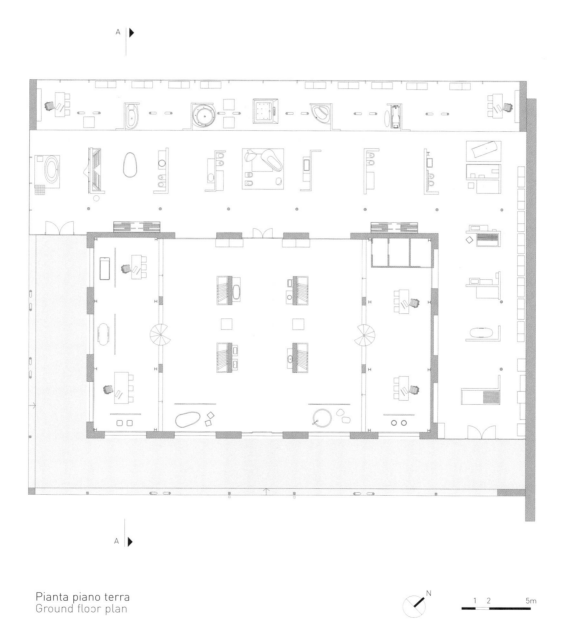

Pianta piano terra
Ground floor plan

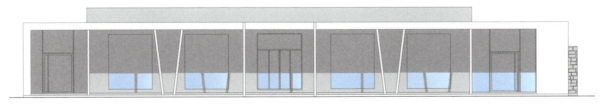

Prospetto sud-est
South-east elevation

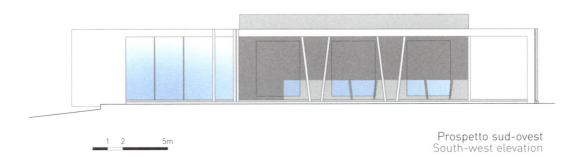

Prospetto sud-ovest
South-west elevation

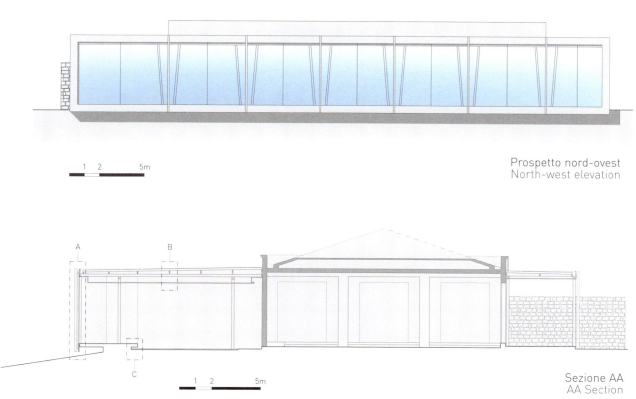

Prospetto nord-ovest
North-west elevation

Sezione AA
AA Section

Il progetto ha ridefinito l'immobile preesistente, accostando ad esso una nuova struttura comprendente un portico che funge da ingresso allo showroom, oltre a un padiglione sospeso ubicato sul lato a valle che guarda verso il paesaggio.

This design redefined the existing building by creating a new adjacent structure, including a porch that serves as the entrance to the showroom, plus a suspended pavilion on the downhill side, overlooking the landscape.

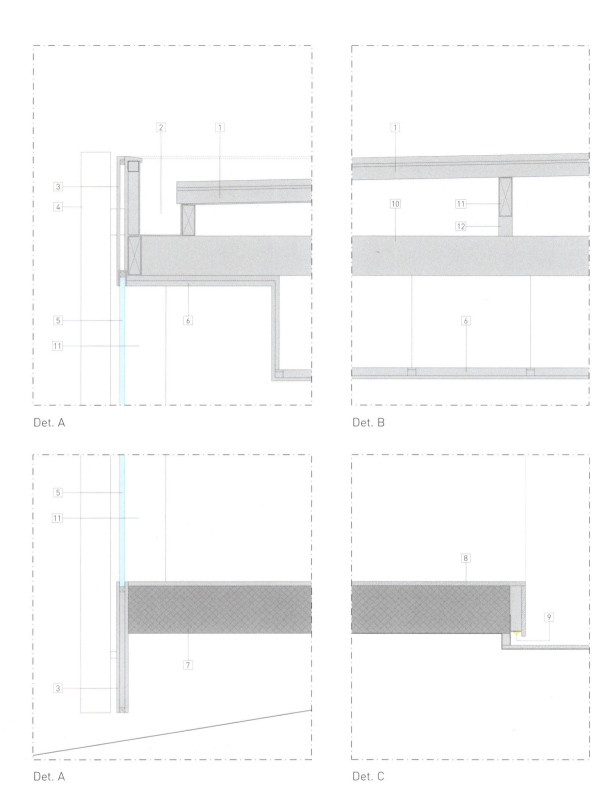

Det. A Det. B

Det. A Det. C

Sezioni di dettaglio
Detail sections

1. Pannello sandwich di copertura
2. Gronda incassata
3. Fibrocemento di rivestimento
4. Pluviale
5. Vetro monolastra stratificato temperato
6. Controsoffitto in cartongesso
7. Soletta in calcestruzzo armato a sbalzo
8. Pavimento in gres porcellanato
9. Strip LED perimetrale
10. Trave in acciaio
11. Profilo in acciaio
12. Distanziatore

1. Sandwich cover panel
2. Recessed eaves
3. Fiber cement coating
4. Downpipe
5. Single-layer laminated glass tempered
6. Plasterboard false ceiling
7. Reinforced concrete slab cantilevered
8. Porcelain stoneware floor
9. Perimeter LED strip
10. Steel beam
11. Steel profile
12. Spacer

Lo showroom visto da Comiso
View of the showroom from Comiso

Vista laterale dalla campagna adiacente
Side view from the surrounding countryside

Il prospetto principale
The main elevation

La zona ingresso
The entrance area

Vista al tramonto del prospetto principale
Sunset view of the main elevation

Vista notturna della zona ingresso
Night view of the entrance area

Il prospetto principale con le tende oscuranti abbassate
The main elevation with blackout blinds lowered

L'ingresso
The entrance

L'angolo dello showroom nella zona sottostante il portico
The corner of the showroom in the area beneath the porch

Il portico
The porch

Lo stacco della facciata rispetto al terreno
The façade, detached from the ground

La vista sulla campagna ragusana
The view of the countryside around Ragusa

Location: Comiso, Sicily
Architect: Architrend Architecture
Gaetano Manganello & Carmelo Tumino
Collaborators: Fernando Cutuli,
Alessia Anguzza, Savina La Carrubba
Project Date: 2010
Completion Date: 2014
Materials: Stone, glass, steel
Ground Floor: 890 m²
Photography by Moreno Maggi, Giorgio Biazzo

Casa FM

2014 - 2016
Ragusa, Sicily

"A perimeter sunscreen suspended on the ground floor"

Casa FM

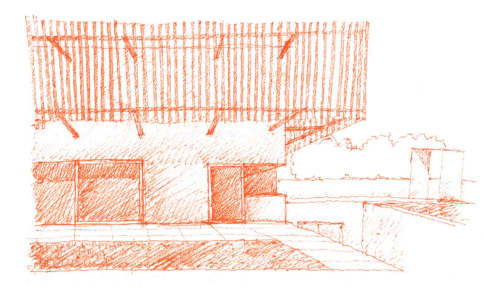

Un altro progetto risultato dal lavoro di ristrutturazione di una casa esistente, ubicata in un lotto periferico nell'ambito di un contesto caratterizzato da residenze unifamiliari.
Le richieste dei nostri clienti prefiguravano l'esigenza di una casa confortevole che si aprisse con ampie vedute verso il giardino circostante. L'immobile preesistente, costruito da tempo, è stato completamente ristrutturato, lasciandone inalterata solamente la struttura in cemento armato. L'elemento che distingue la casa rendendola unica rispetto agli edifici circostanti è costituito da una struttura metallica che determina uno schermo frangisole perimetrale, posta al primo livello e sospesa sul piano terra. Questo livello si apre lungo il suo perimetro, verso il giardino, tramite grandi superfici vetrate. Il bianco dei volumi crea sotto l'effetto della luce contrasti decisi che si invertono la sera, all'accensione delle luci. La casa presenta interni molto curati, nei quali tutte le opere in legno sono di sapiente fattura artigianale. Le pareti del soggiorno sono rivestite con pannelli in noce canaletto, realizzati ad hoc attraverso un procedimento che ha comportato prima l'installazione dei pannelli grezzi, la loro successiva verniciatura e infine il montaggio definitivo.
Anche la cucina è stata realizzata su disegno, con la stessa cura dei dettagli. Ne risulta uno spazio molto vivibile, caldo e contemporaneo, con pochi e selezionati arredi. La scelta dei corpi illuminanti contribuisce a valorizzare le varie componenti dell'abitazione, all'interno come all'esterno. Questa progettazione attenta, unita a una direzione dei lavori sempre presente, ha raggiunto lo scopo che si prefiggono tutti i nostri lavori. Una casa fatta su misura, come un vestito sartoriale, con volumi semplici composti da pochi e selezionati materiali, uniformati da un'unica cromia bianca che esalta l'intensa luce di questa parte di Sicilia.

Another project to renovate an existing home, this time located on a plot in the suburbs characterized by single-family dwellings.
Our clients' commission started from a comfortable existing home that opened onto ample views out over the surrounding garden. We completely renovated the pre-existing building, built some time previously, leaving only the reinforced concrete structure unchanged. The home's hallmark feature, which makes it unique compared with the surrounding buildings, is a metal structure that creates a perimeter sunscreen on the first level and juts out, suspended over the ground floor. This level opens up along its perimeter towards the garden through ample glass. In bright daylight, the white-colored volumes create sharp contrasts beneath, an effect that is reversed by night when the lights are switched on. The house boasts a meticulously-crafted interior in which all wooden pieces were made by skilled craftsmanship. The living room walls are faced in specially-made canaletto walnut panels using a system that first required installation of the raw panels, which were then varnished prior to final assembly.
The kitchen was also specially-designed with the same attention to detail. The result is a warm, highly livable contemporary space with minimal, high-quality furnishings. The luminaires were selected to enhance the home's various components inside and out. Combined with our ever-present supervision of site work, this meticulous level of design achieved the intended aim of all our works. Like a bespoke suit, this made-to-measure home with its simple volumes assembled from a minimum number of selected materials has a uniform feel to it thanks to a single color choice of white - a choice that enhances the intense light in this part of Sicily.

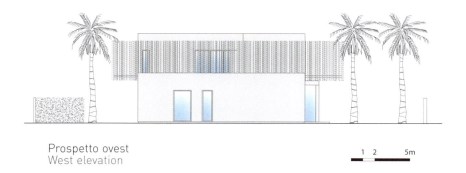

Prospetto ovest
West elevation

1 2 5m

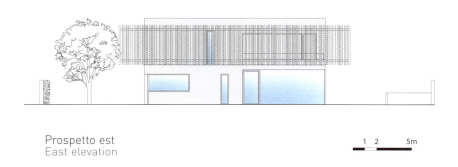

Prospetto est
East elevation

1 2 5m

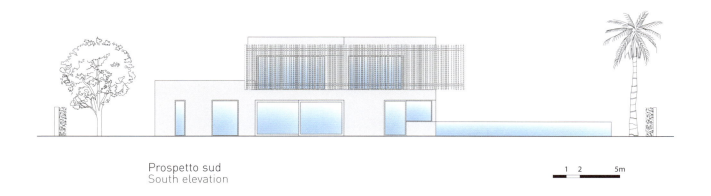

Prospetto sud
South elevation

1 2 5m

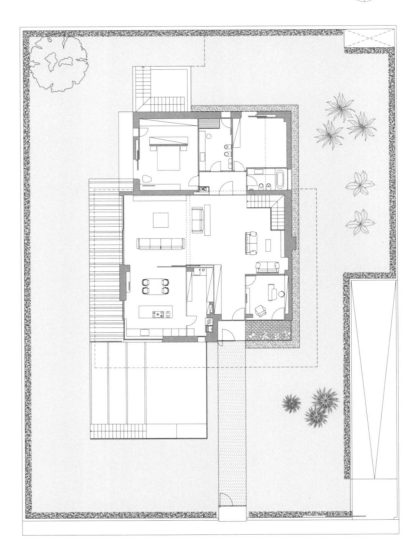

Pianta piano terra
Ground floor plan

L'ingresso dalla strada avviene attraversando il giardino tramite un percorso
pavimentato in pietra calcarea che conduce ad un ambiente studio
posto in adiacenza alla vetrata d'accesso all'abitazione.
L'elemento che caratterizza la casa, rendendola unica rispetto agli edifici
circostanti, è costituito da una struttura metallica che determina uno schermo
frangisole perimetrale, posta al primo livello e sospesa sul piano terra.

Entrance from the road is via the garden, along a limestone-paved path that leads
to a workspace located next to the glass entrance door to the house.
The home's hallmark feature, making it unique compared with the surrounding buildings,
is a metal structure that creates a perimeter sunscreen on the first level, suspended over the ground floor.

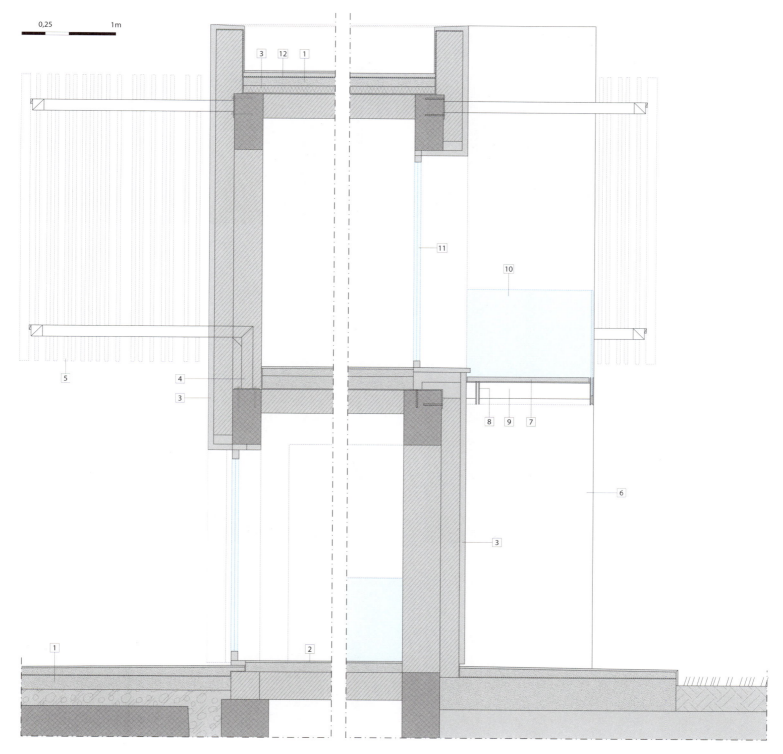

Dettaglio della facciata: Sezione verticale
Façade detail: Vertical section

1. Massetto con rete elettrosaldata
2. Pavimentazione in parquet
3. Coibentazione termica
4. Profilo metallico per il fissaggio dei frangisole
5. Frangisole in doghe di alluminio
6. Corpo ascensore
7. Pianerottolo scala in lastra di pietra
8. Struttura scala: doppio piatto in acciaio
9. Irrigidimento trasversale in doppio piatto di acciaio
10. Parapetto in vetro stratificato temperato
11. Infissi vetrocamera in alluminio
12. Strato d'impermeabilizzazione

1. Screed with electrowelded mesh
2. Parquet flooring
3. Thermal insulation
4. Metal profile for fixing the sunscreens
5. Sunshades in aluminum slats
6. Elevator shaft
7. Stair landing stone slab
8. Stair structure: double steel plate
9. Transverse stiffener in double steel plate
10. Parapet in tempered laminated glass
11. Aluminum double glazed windows
12. Waterproofing layer

L'ingresso
The entrance

Vista notturna dal giardino
The night view from the garden

Il cancello d'ingresso dalla strada
The entrance to the villa

Il giardino che circonda la villa
The living room area with garden view

L'accesso al piano interrato
The entrance gate, from the street

Lo studio
The study

L'ingresso alla villa
The entrance to the villa

L'angolo soggiorno con vista sul giardino
The living room area with garden view

L'open space cucina-soggiorno
The open space kitchen/living room

L'open space cucina-soggiorno
The open space kitchen/living room

Il soggiorno
The living room

Il bagno
The bathroom

Location: Ragusa, Sicily
Architect: Architrend Architecture
Gaetano Manganello & Carmelo Tumino
Collaborators: Marco Garfì, Fernando Cutuli, Savina La Carrubba
Project Date: 2014
Completion Date: 2016
Materials: Wood, aluminum, glass
Ground Floor: 245 m²
Photography by Moreno Maggi

La Madia

2015 - 2016
Licata, Sicily
"Custom-made scene for a starred chef"

La Madia

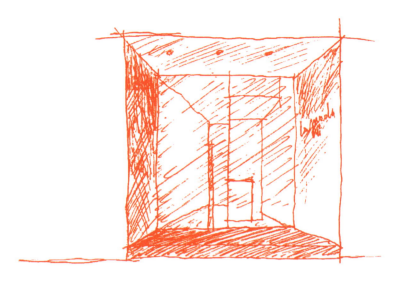

Il progetto sviluppato per il restyling del ristorante La Madia a Licata ha rappresentato per noi un'esperienza particolare.
Lo chef due stelle Michelin Pino Cuttaia, personaggio di sicuro riferimento della buona cucina italiana, ha saputo portare nella sua esperienza professionale il fascino dei sapori della sua Licata e in generale della Sicilia; lavorare a stretto contatto con lui, discutere e ragionare insieme di come rendere La Madia un luogo rappresentativo della sua personalità e del suo modo di lavorare, è stata una significativa esperienza.
Abbiamo pensato di creare una scena che fosse su misura per lo chef, giocata su pochi e selezionati materiali. Una scena che ha dato vita a un locale accogliente e al tempo stesso elegante, che non si impone sulla cucina di Pino Cuttaia, protagonista assoluta del luogo.
Su una delle pareti rivestite in legno di rovere della sala, una scritta - "Il mio ingrediente segreto è la memoria" - riassume la filosofia creativa dello chef. Perché senza memoria e conoscenza delle tradizioni culinarie non è possibile creare piatti innovativi e densi di fascino. In un certo senso è lo stesso principio che ci ha guidati nella concezione degli ambienti del ristorante: la conoscenza di Licata, del suo centro storico, è stata riversata non in uno spazio denso di accenni alla tradizione, ma in uno spazio minimale dove solo due presenze rimandano al luogo. Una grande fotografia di Davide Dutto si staglia su una parete, riproducendo un'immagine di quotidianità in un vicolo del centro storico; sulla parete adiacente una grande finestra inquadra un vicolo attiguo, dove è stato creato un piccolo giardino degli odori tipici del luogo.

This design project to restyle La Madia restaurant in Licata turned out to be an unique experience for us. The two Michelin-starred chef Pino Cuttaia, a benchmark for fine Italian cuisine, brilliantly infuses his professional experience with the appealing flavors of his native Licata, and indeed Sicily as a whole.
Working closely with him, we discussed and considered how to make La Madia a place representative of his personality and approach to cooking, in what was for us a significant experience. We set out to create a tailor-made stage for the chef based on a limited number of selected materials. Without seeking to overshadow Pino Cuttaia's cuisine, which is the absolute star of the show, the stage we came up with is this cozy yet elegant restaurant.
The chef's creative philosophy may be summed up in words emblazoned on one of the room's oak-paneled walls: "My secret ingredient is memory". Indeed, it is impossible to create innovative and appealing dishes without memory and a knowledge of culinary tradition. In a way, this is the very same principle that guided us when designing the restaurant. We drew on knowledge about Licata and its historical center to create a space that, rather than being filled with references to tradition, is a minimal space where only two items reference the location: a large photograph by Davide Dutto that stands out on one wall, reproducing an image of everyday life from an alley in the old town center, while on the adjacent wall a large window frames a view out over an adjacent alley and its small garden of local herbs.

Il benvenuto è affidato al consueto corridoio, però oggi vivacizzato dal legno di rovere chiaro, a terra e nella parete di destra. Un percorso abbastanza lungo da consentire agli avventori di dimenticare il viaggio comunque estenuante che li ha condotti a Licata.

Guests are greeted in the corridor, which is enlivened by its light oak wood flooring and right-hand wall. The corridor is long enough to allow diners to make the transition from the long journey to get to Licata.

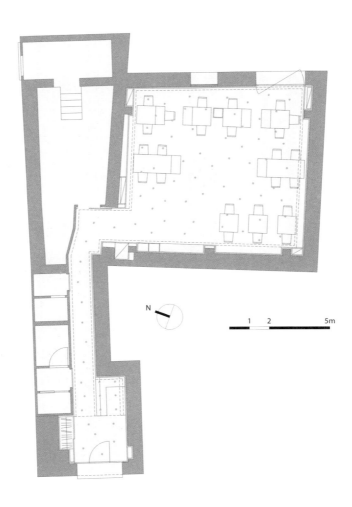

Pianta piano terra
Ground floor plan

Abbiamo pensato di creare una scena su misura per lo chef, giocata su pochi e selezionati materiali. Una scena che ha voluto creare un locale accogliente ed elegante, dove protagonista assoluta è la cucina di Pino Cuttaia.

We wanted to create a bespoke stage for the chef using just a few select materials. We conceived that stage as a welcoming and elegant place, where Pino Cuttaia's cooking walks the boards as the absolute star.

Una sottile cornice scura in lamiera grezza segnala l'ingresso al ristorante.
Le vetrate satinate delimitano l'elemento di transizione dal caos esterno
del corso principale di Licata alla quiete dell'ambiente interno.

A thin, dark, sheet-metal frame marks the entrance to the restaurant.
Satin-finished glazing defines the boundaries of the transitional element from the external
chaos of Licata's main street to its calm inner environment.

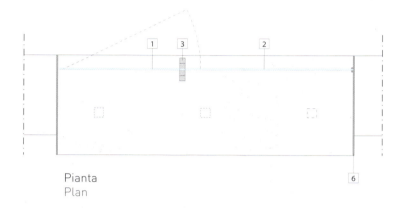

Pianta
Plan

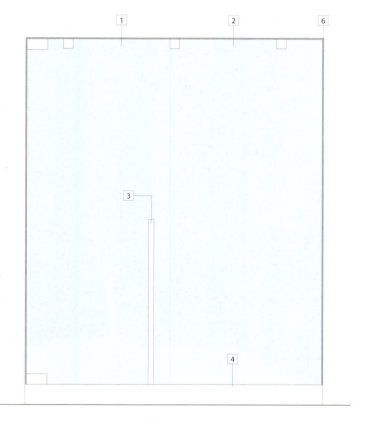

Prospetto
Elevation

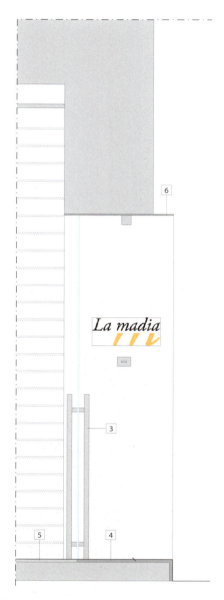

Sezione
Section

1. Porta in vetro temperato fumè satinato
2. Vetro laterale fisso temperato fumè satinato
3. Maniglione in acciaio inox satinato con serratura a bloccaggio verticale
4. Gradino d'ingresso rivestito in pietra lavica
5. Pavimentazione in parquet
6. Cornice in lamiera grezza nera

1. Door in satin fumé tempered glass
2. Fixed tempered satin smoked side glass
3. Handle in satin stainless steel with lock vertical locking
4. Entrance step covered in lava stone
5. Parquet flooring
6. Frame in black raw sheet

Location: Licata, Sicily
Architect: Architrend Architecture
Gaetano Manganello & Carmelo Tumino
Collaborators: Marco Garfì
Project Date: 2015
Completion Date: 2016
Materials: Wood, ceramic, resin
Ground Floor: 140 m²
Photography by Gianfranco Guccione

Alba Palace Hotel

2014 - 2017
Favara, Sicily
"Contemporary grafts"

Alba Palace Hotel

Nel 2015 abbiamo ricevuto dalla famiglia Alba l'incarico di recuperare un importante immobile nel centro storico di Favara, città dell'agrigentino a pochi chilometri dalla valle dei templi, un tempo caratterizzata da degrado e abusivismo e divenuta meta del turismo internazionale grazie al Farm Cultural Park, un lungimirante esperimento di rigenerazione urbana promosso dal notaio Andrea Bartoli e dalla moglie Florinda Saieva. È in questo florido contesto, esempio per i tanti centri delle aree interne del Paese che lottano contro lo spopolamento, che si inserisce l'Alba Palace Hotel. Il rapporto dialettico tra il riuso-restauro del fabbricato storico e la creazione di innesti contemporanei costituisce il tema dominante di questo progetto. L'intervento si configura come una proposta che oscilla tra "tradizione" e "modernità", tramite la conservazione delle parti autentiche dell'edificio in modo da mantenerne inalterate le caratteristiche originarie, e l'utilizzo di materiali contemporanei, come la lamiera di acciaio per i balconi aggettanti sulla facciata, in sostituzione di quelli originari che erano stati vandalizzati e rimossi. Abbiamo introdotto sulla facciata della corte interna un nuovo corpo scala in cemento armato a vista, di forte impatto e caratterizzazione. Negli ambienti delle 20 camere un nuovo solaio con travi di legno lamellare a vista e lamiera grezza come intradosso sostituisce il solaio esistente, fortemente deteriorato e non in grado di sostenere i nuovi carichi di esercizio.

Durante i vari sopralluoghi nella struttura preesistente, ci eravamo resi conto della grande potenzialità del livello della copertura, da dove è possibile apprezzare viste suggestive sulla Chiesa madre e sul Castello Chiaramontano, spaziando inoltre verso valle in direzione dei templi. Abbiamo previsto la demolizione della vecchia copertura fortemente compromessa e la costruzione di un padiglione con struttura in acciaio, solai in legno, e involucro quasi interamente vetrato. Al suo interno è stata realizzata una suite, affiancata da un lounge bar e dalla terrazza panoramica adibita a ristorante.

Nel 2017 l'Alba Palace ha ricevuto il premio internazionale Hotel d'autore indetto da IN/ARCH e nel 2018 è stato esposto al Padiglione Italia della mostra internazionale di Architettura della 16. Biennale di Venezia.

In 2015, the Alba family commissioned us to refurbish an important building in the old town center of Favara, a city near Agrigento just a few kilometers away from the Valley of the Temples. For years, Favara had been known only for decay and illegal constructions, but then, thanks to the Farm Cultural Park, a far-sighted urban regeneration experiment helmed by Notary Public Andrea Bartoli and his wife Florinda Saieva, it became an international tourist destination.

The Alba Palace Hotel was created to join this thriving backdrop, a template for countless inland Italian towns that are fighting battles against the specter of depopulation.

The primary feature of this project was a dialectic relationship between reuse/restoration of a historical building and grafting on contemporary touches. Our design proposal fluctuated between "tradition" and "modernity", conserving authentic parts of the building and maintaining its original characteristics unaltered, while adopting contemporary materials such as steel sheeting for new balconies that look out from the façade and replace the long-since vandalized and purloined original balconies. We were also keen to add an exposed reinforced concrete stairwell as a new impactful, hallmark feature in the inner courtyard. The 20 bedrooms were given a new floor with open laminated wooden beams and raw sheet metal as an intrados, to replace the previous floor that had deteriorated significantly and was unable to support new operating loads.

During multiple surveys of the existing structure, we realized what enormous potential it offered at roof level, with evocative views out over the town's main church and Chiaramontano Castle, continuing on to the valley and its temples. We proposed demolishing the old, highly-compromised roof and in its stead building a pavilion with a steel structure, wooden floor and an almost entirely glazed envelope. A suite was created inside this space, along with a lounge bar and a panoramic terrace for a restaurant.

In 2017, the Alba Palace took the IN/ARCH Hotel d'autore international award, and in 2018 was showcased at the Italian Pavilion at the 16th International Architecture Exhibition in Venice.

Prospetto sud
South elevation

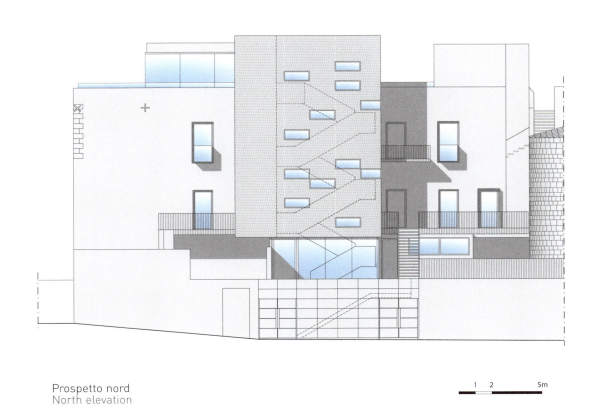

Prospetto nord
North elevation

La reception con il bancone decorato riutilizzando le piastrelle originali rinvenute all'interno del palazzo; nell'area sottostante, all'interno di un'antica cisterna è ricavata una cantina con annessa zona per la degustazione del vino.

The reception desk and its counter decorated with repurposed original tiles found inside the old building; in the area below, a wine cellar including a wine tasting area, carved out of a former water cistern.

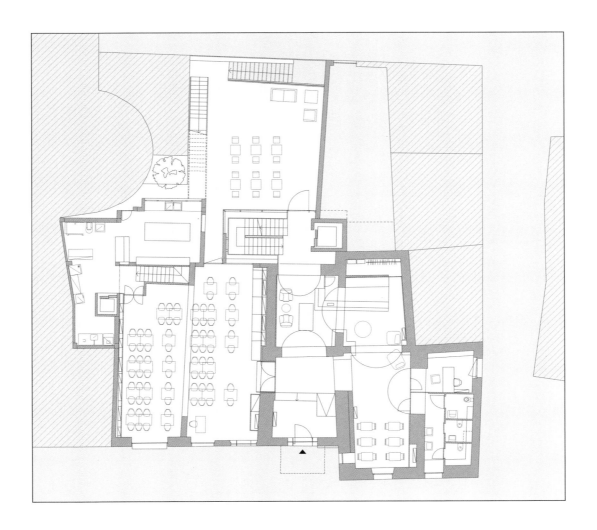

Pianta piano terra
Ground floor plan

Pianta secondo piano
Second floor plan

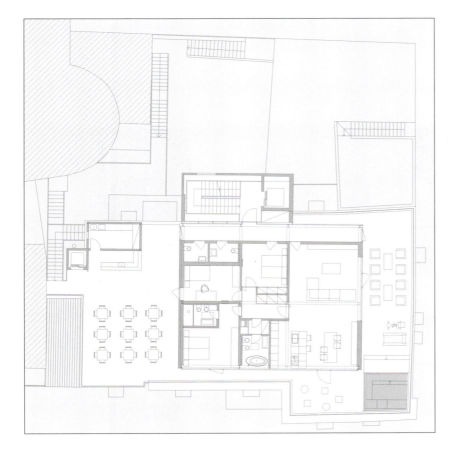

Pianta piano terrazza
Terrace floor plan

Il ristorante
The restaurant

L'ingresso
The atrium

Il corpo scale
The stairs

Le scale
The stairs

La corte interna
The inner court

Il balcone di una camera
The balcony of a room

La suite
The suite

La suite
The suite

Il bagno di una camera
The bathroom of a bedroom

Una camera
A bedroom

La terrazza
The terrace

La terrazza
The terrace

Location: Favara, Sicily
Architect: Architrend Architecture
Gaetano Manganello & Carmelo Tumino
Collaborators: Marco Garfì, Fernando Cutuli
Project Date: 2014
Completion Date: 2017
Materials: Sheet metal, stone, concrete
Site Area: 560 m²
Ground Floor: 435 m²
First Floor: 385 m²
Second Floor: 165 m²
Photography: Salvatore Gozzo

Casa B

2015 - 2019
San Julian, Malta
"Panoramic house over San Julian's bay and the town of La Valletta"

Casa B

Siamo partiti dalla Sicilia per Malta su incarico di una giovane coppia che ci ha chiesto di realizzare una casa unifamiliare in luogo di un'abitazione preesistente. Abbiamo disegnato questa casa con quattro elementi: luce, acqua, vetro e calcestruzzo, rigorosamente faccia a vista. La nuova architettura, a La Valletta, si incunea tra case a schiera di scarsa qualità architettonica, ne riprende altezza e allineamenti, ma se ne discosta per trasparenza, composizione e materia, introducendo una dinamicità inedita nel fronte costruito.

Come le case vicine, l'abitazione si sviluppa a partire dal piano ammezzato, cui si accede tramite una scala esterna. La casa è definita su strada da un prospetto quasi interamente vetrato, incorniciato da una struttura in cemento faccia a vista. Abbiamo lottato molto per mantenere la scelta del cemento a vista, fondamentale per salvaguardare l'identità del progetto. Su Malta non c'erano imprese in grado di realizzare a regola d'arte questa tecnologia, quindi dopo lunghe ricerche abbiamo trovato un'impresa di Treviso, operativa anche su Malta, che ci ha permesso di realizzare la casa con la qualità e le caratteristiche desiderate. La dinamicità è nel DNA delle nostre architetture. Difficile ottenerla in una costruzione stretta tra due volumi, come è la casa maltese.

Come in altri progetti, ma declinato diversamente, abbiamo utilizzato un dispositivo architettonico che definisce una cornice. Essa smaterializza l'edificio verso l'alto, lo proietta in direzione del cielo e dalla terrazza inquadra il paesaggio. Nella cornice si incastona la piscina a sfioro del terrazzo, con la parete verso il prospetto completamente trasparente. L'acqua e la vasca si scorgono in facciata, coronano l'edificio partecipando alla composizione del prospetto.

All'interno anche i solai sono faccia a vista, non ci sono controsoffitti e gli impianti sono stati realizzati prima dei getti. Una casa con soluzioni progettuali particolari, espressione di una visione dell'architettura come spazio fluido e dinamico, caratterizzato da una forte identità.

We travelled from Sicily to Malta after being commissioned by a young couple who wanted us to design a single-family house to replace an existing one. We designed theirs using four elements: light, water, glass and exposed concrete.

Situated in La Valletta, this design nestles between terraced houses of no great architectural quality, maintaining their height and alignment but differing in transparency, composition and materials to bring hitherto unseen dynamism to the frontage. Like the adjacent houses, access is via a mezzanine floor accessed from an external staircase. From the road, the house is characterized by an almost wholly glazed elevation, and framed by an exposed cement structure. We fought hard to maintain our choice of exposed cement, because we considered it to be vital to preserve the project's identity. We couldn't find a company on Malta capable of implementing this technology in a state of the art manner, so after lengthy research we located a company from Treviso, Italy that also operated on Malta. This made it possible for us to build the project to the standards and specifications we sought.

Although dynamism is part of our architectural DNA, it is not easy to achieve in an edifice squeezed between two volumes, which was true of this Maltese home.

As with other projects of ours, albeit in a different manner, we used the architectural device of a defining frame. Not only does the frame dematerialize the building upwards by projecting it skywards, from the terrace it frames the surrounding landscape. An infinity pool is set on the terrace within this frame, its sides against the completely transparent elevation. The water and tank are visible via the façade, crowning the building and playing a part in the elevation's composition.

The interior also features exposed floors; there was no need for false ceilings because the installations were put in place before the concrete was cast. The home features special design solutions that express a vision of architecture as a fluid, dynamic space characterized by a strong identity.

L'atrio d'ingresso ospita un salotto con libreria che si affaccia sulla corte a tutta altezza che collega tutti i piani dell'edificio; le pareti e i solai sono realizzati interamente in calcestruzzo armato faccia vista.

The entrance hall leads into a living room with bookshelves overlooking a full-height courtyard that connects all floors of the building; the walls and floors are made entirely in exposed concrete.

Sezione AA
AA Section

Sezione BB
BB Section

Prospetto est
East elevation

Prospetto ovest
West elevation

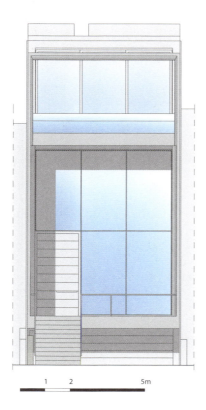

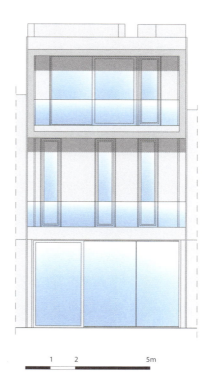

La vasca in copertura con fondo trasparente in vetro di sicurezza si apre sulla tripla altezza corrispondente con l'ingresso sottostante, garantendo l'ingresso di luce zenitale.

The rooftop pool with a transparent safety glass bottom opens onto a triple-height space in line with the entrance below, ensuring the entry of overhead light.

Dettaglio della piscina in copertura: Sezione verticale
Pool on the roof detail: Vertical section

1. Infisso scorrevole
2. Vano tecnico
3. Vasca di compenso
4. Piscina
5. Cornice in calcestruzzo armato

1. Sliding window
2. Technical room
3. Compensation tank
4. Pool
5. Reinforced concrete frame

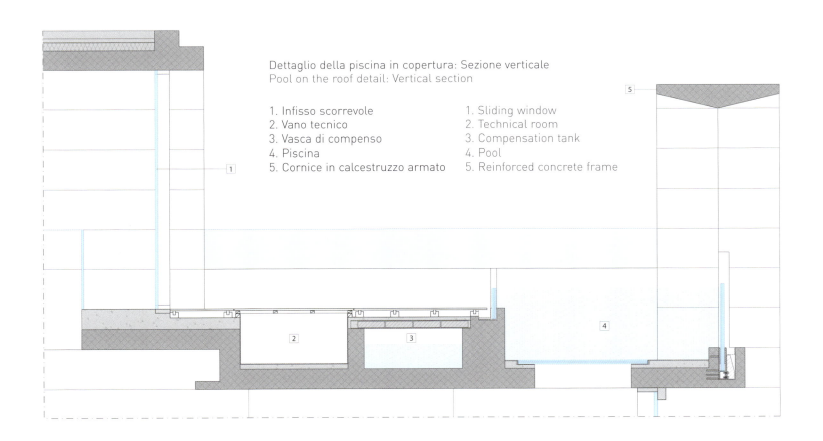

0,25   1m

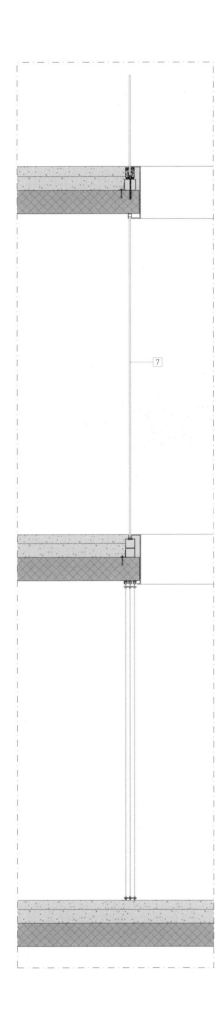
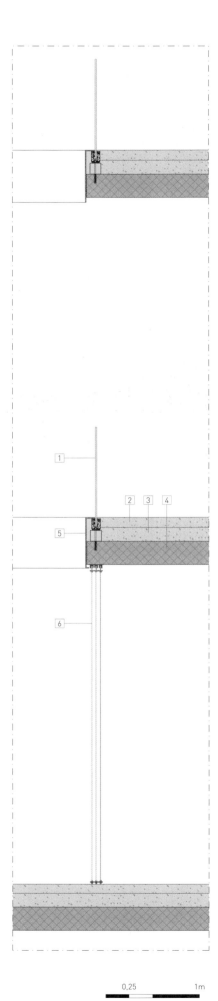

Dettaglio del patio interno: Sezione verticale
Inner court detail: Vertical section

1. Parapetto in vetro stratificato ultrachiaro
2. Pavimento al quarzo
3. Massetto copritubi
4. Solaio in calcestruzzo armato
5. Lastra in cartongesso
6. Triplo infisso scorrevole in vetro stratificato
7. Vetrata fissa stratificata con profili invisibili

1. Railing in ultralight laminated glass
2. Quartz floor
3. Screed covertube
4. Floor in reinforced concrete
5. Plasterboard sheet
6. Triple sliding frame in laminated glass
7. Fixed laminated glass with invisible profiles

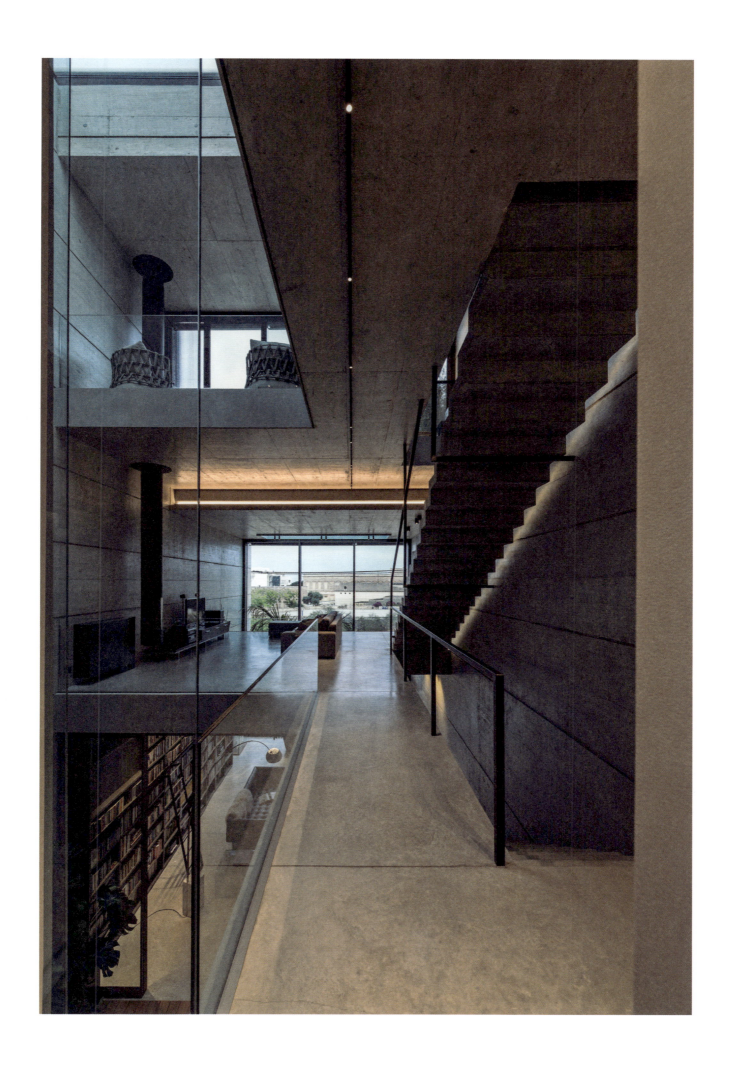

L'ingresso
The atrium

La corte interna
The inner court

La corte interna a tripla altezza
The triple height inner court

La zona soggiorno
The living area

La cornice illuminata
The lit frame

La scala
The stairs

Il giardino sul retro
The back garden

La camera da letto matrimoniale
The double bedroom

La zona pranzo
The dining area

La cucina
The kitchen

La terrazza
The terrace

La terrazza
The terrace

Location: San Julian, Malta
Architect: Architrend Architecture
Gaetano Manganello & Carmelo Tumino
Collaborators: Marco Garfì, Federica La Terra
Project Date: 2015
Completion Date: 2019
Materials: Concrete, glass
Underground Floor: 145 m²
Ground Floor: 130 m²
First Floor: 105 m²
Second Floor: 75 m²
Photography: Moreno Maggi

2017 - 2019
Casuzze, Sicily
"A beach, the sea, the horizon, nothing else"

Casa K

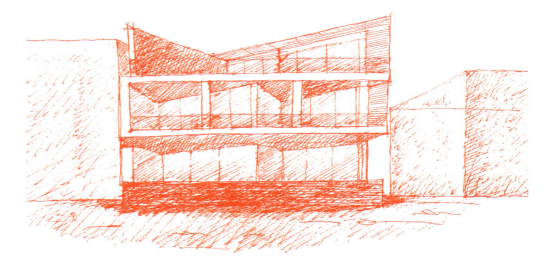

L'occasione progettuale di intervenire su una casa in una posizione privilegiata, di fronte al mare, non può prescindere da un'attenta valutazione relativa alla sua collocazione, alle condizioni attuali della costruzione, ai desideri della committenza, che determinano gli obiettivi da raggiungere e lo sviluppo del pensiero progettuale.
Riteniamo di fondamentale importanza entrare in sintonia con la committenza, stabilendo un rapporto basato sulla fiducia reciproca e teso allo sviluppo ottimale delle ipotesi progettuali. La nostra proposta ha inciso fortemente sulla conformazione della costruzione preesistente con una serie di interventi tendenti a conferire al progetto l'identità, la qualità e il senso di una architettura contemporanea che si integra nel contesto esistente.
Nuovo cuore dell'abitazione è la terrazza: uno spazio ben definito, rivolto al mare, con una fantastica veduta verso il faro di Puntasecca, posto in stretta relazione con gli spazi sottostanti attraverso un doppio volume che crea non un semplice collegamento, ma una rapporto visuale e spaziale con gli ambienti interni del soggiorno cucina.
Sulla terrazza una minipiscina a sfioro conferisce continuità visiva tra il filo dell'acqua e l'orizzonte marino. Profonda un metro, la piscina è poggiata sul pavimento ed è integrata con una intercapedine per gli impianti e la pavimentazione in legno per esterni. La casa si caratterizza per uno studio attento dello spazio, delle esigenze funzionali, delle prestazioni impiantistiche integrate negli ambienti realizzati. Una fase fondamentale, oltre allo sviluppo della progettazione esecutiva, è stata quella della direzione dei lavori e del rapporto con le imprese appaltatrici, con una presenza costante in cantiere al fine di garantire la realizzazione completa del progetto in tutte le sue caratteristiche.
Lo scopo per noi è quello di realizzare, con la passione che contraddistingue il nostro lavoro, delle architetture di qualità, aventi una forte identità, ben inserite nel contesto, in completa sintonia con lo stile di vita del committente.

The design opportunity to work on a house located in a privileged seafront position entailed careful assessment of its placement, the building's current circumstances and the clients' wishes. Taken together, these elements allowed us to set the goals to achieve and, in consequence, how the design concept would unfold.
We consider it of vital importance to be on the same wavelength as our client, establishing a relationship based on mutual trust oriented towards the optimal development of potential project ideas. The proposal we put forward strongly impacted the existing construction through a series of works conceived to instill the project with the identity, quality and significance of contemporary architecture, all integrated into the existing context.
The terrace is the new heart of this house. A well-defined space facing the sea and offering fantastic views towards Puntasecca lighthouse, it enjoys a close relationship with the space below thanks to a double volume that creates not just a simple connection but a visual and spatial relationship with the living room and kitchen areas.
The terrace's mini-infinity pool ensures visual continuity between the water surface and the marine horizon. The meter-deep pool rests on the floor, where it is integrated into an interspace for its workings, and into the wooden floor decking. The hallmark features of this residence are a meticulous design of its spaces to cater to functional needs, and installations performance integrated into the finished rooms. As well as drafting the executive design, works management and relations with the contracting companies proved to be vital. We maintained a constant on-site presence to ensure that the project and all of its characteristics were implemented in full.
For us, the end-goal we pursue with the passion typical of our work is to create high-quality architecture with a strong identity, successfully integrated into its context, in total harmony with the clients' way of living.

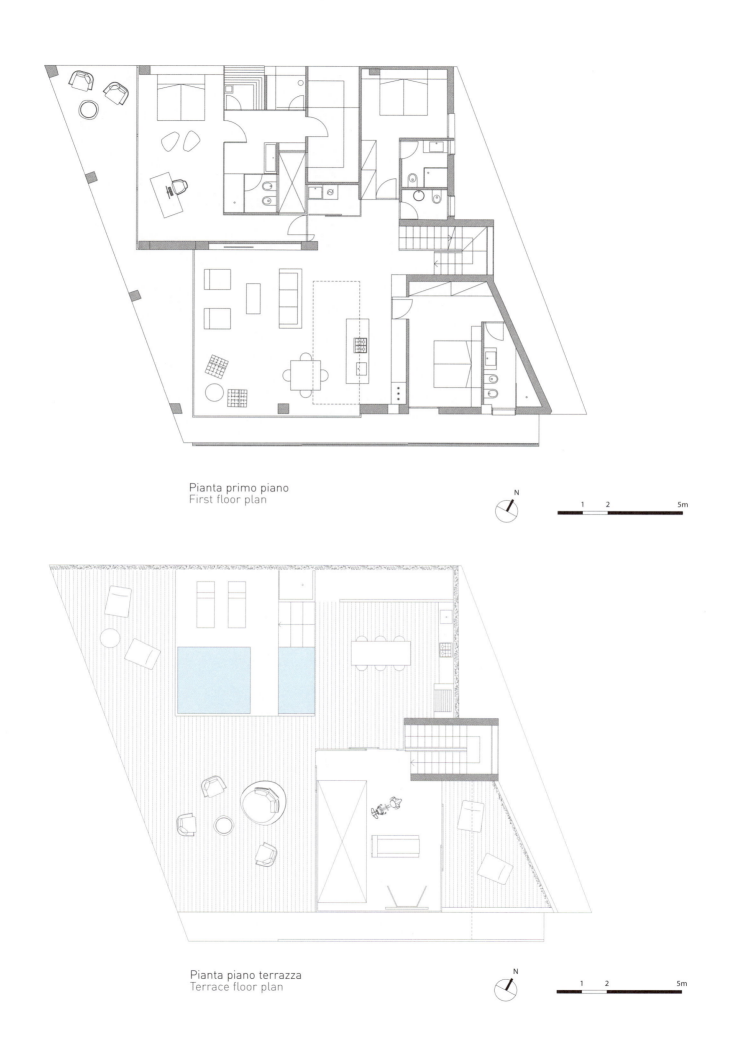

Pianta primo piano
First floor plan

Pianta piano terrazza
Terrace floor plan

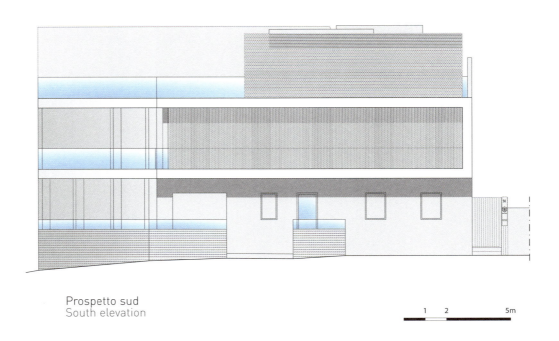

Prospetto sud
South elevation

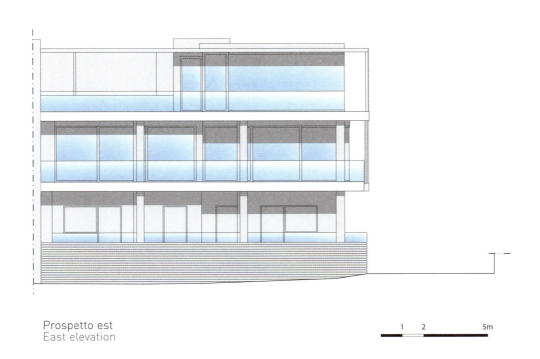

Prospetto est
East elevation

La suggestiva vista al tramonto dalla terrazza al secondo piano; sulla destra il promontorio con il faro di Puntasecca, in primo piano il focolare retroilluminato e i divani della zona living.

A picturesque sunset view from the second floor terrace; to the right, the promontory and Puntasecca lighthouse; in the foreground, the backlit hearth and sofas in the living area.

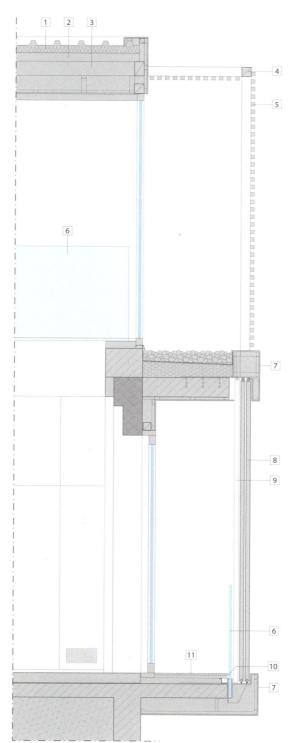

Dettaglio del patio interno: Sezione verticale
Inner court detail: Vertical section

1. Pannello sandwich preaccoppiato
2. Distanziatore in acciaio per pendenza
3. Vuoto per impianto di climatizzazione
4. Struttura in profili di acciaio
5. Frangisole fisso in listelli bianchi di alluminio
6. Parapetto in vetro stratificato ultrachiaro
7. Rivestimento in fibrocemento rasato
8. Pannelli scorrevoli in listelli bianchi di alluminio
9. Pannello fisso
10. Canaletta incassata
11. Pavimento in doghe di legno

1. Pre-coupled sandwich panel
2. Steel spacer for slope
3. Vacuum for air conditioning system
4. Structure in steel profiles
5. Fixed sunshade in white aluminum slats
6. Railing in ultralight laminated glass
7. Cover in shaved fiber cement
8. Sliding panels in white aluminum slats
9. Fixed panel
10. Flushed recess
11. Floor in wooden slats

Location: Casuzze, Sicily
Architect: Architrend Architecture
Gaetano Manganello & Carmelo Tumino
Collaborators: Marco Garfì, Simona Tumino
Project Date: 2017
Completion Date: 2019
Materials: Concrete, glass
First Floor: 185 m²
Second Floor: Attic 32 m² + Terrace 173 m²
Photography: Moreno Maggi

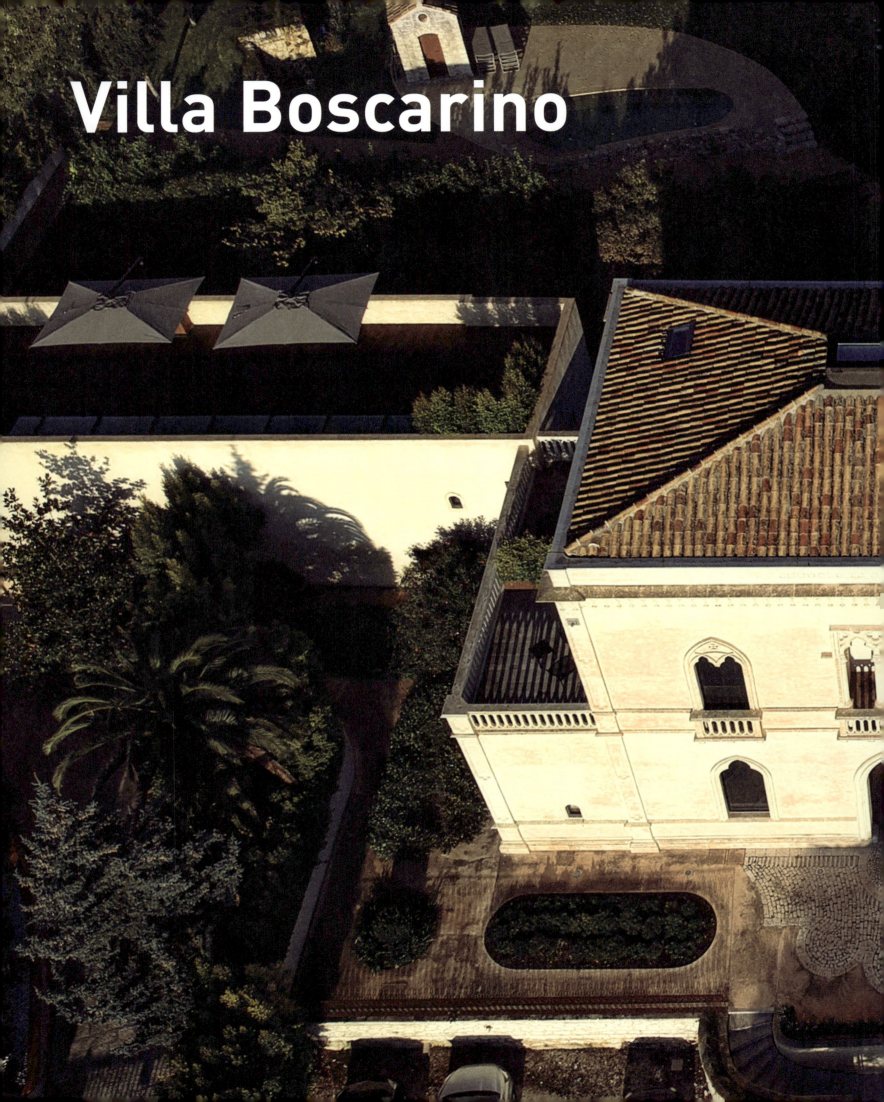
Villa Boscarino

2012 - 2019
Ragusa, Sicily
"A dialogue between old and new"

Villa Boscarino

Questo lavoro ci ha posto di fronte a uno degli aspetti più importanti della nostra professione, il confronto con le preesistenze storiche. Un confronto che si vuole proficuo e capace di generare una nuova condizione di utilizzo, pur nella salvaguardia dell'immobile storico. Ci era stato proposto di intervenire su una villa storica, un tempo ubicata in campagna, oggi circondata da palazzine multipiano. Il nostro committente, un notaio discendente della famiglia Boscarino, ha caparbiamente voluto recuperare la villa, luogo per lui di vacanze estive e oggetto di ricordi di tempi lontani. Le sinergie createsi tra noi e l'identità di vedute ci hanno permesso di salvare la villa da un sicuro degrado che l'avrebbe portata in pochi anni alla demolizione completa e alla successiva sostituzione con ulteriori anonime palazzine.

Miracolosamente, villa Boscarino e il suo giardino annesso non hanno subito la sorte infausta di numerose altre casine di campagna costruite dalla nobiltà di fine Ottocento, inizi Novecento, ma sono stati restaurati attraverso un intervento che ne ha recuperato e preservato il più possibile le parti autentiche.

Un lavoro difficile e oneroso, protrattosi per lungo tempo a partire dal primo sopralluogo di molti anni fa, quando abbiamo percepito l'importanza di elaborare un progetto che riportasse il complesso villa-giardino alla sua autenticità originaria e nel contempo lo potesse far rinascere con una nuova funzione legata al mondo dell'ospitalità. Oggi Villa Boscarino ospita un boutique Hotel che offre 13 camere e servizi, tra cui una spa posizionata in un'area al di sotto del giardino storico, di cui abbiamo salvaguardato l'integrità. Un lavoro conclusosi con un lieto fine, che ci rende soddisfatti e orgogliosi per aver riportato a nuova vita una così importante testimonianza storica. Visitando la villa, si percepisce il nostro pensiero che, insieme al restauro e recupero delle sue parti storiche, ha voluto introdurre elementi contemporanei; riteniamo fondamentale un approccio al progetto capace di coniugare la contemporaneità con la consapevolezza del valore delle tracce della memoria, che non possono e non devono essere cancellate.

This project brought us face-to-face with one of the most important aspects of our profession: entering into a dialogue with historical properties, in order for it to be profitable, to generate new usage conditions while at the same time safeguarding the historic building. We were invited to work on an historic house formerly situated in the countryside but today surrounded by multi-story residential buildings. Our client, a notary public and scion of the Boscarino family, was determined to restore the house, which for him was a place of summer vacations, filled with memories of days gone by. The synergies that sprung up between us, not to mention our identical views, made it possible to save this villa from a certain fate of decay, that before long would have resulted in it being knocked down and replaced by yet more anonymous multi-story buildings.

Miraculously, Villa Boscarino and its garden did not suffer the sad fate of so many other country houses built by the aristocracy in the late 19th and early 20th Centuries. On the contrary, we restored them, recovering and preserving as much of their authentic portions as was feasible.

This difficult and demanding job took many years of work after that initial site survey, when we realized the importance of coming up with a project that returned the villa-and-garden complex to its original authenticity, while at the same time breathing new life into it as a hospitality-related destination. Today, Villa Boscarino hosts a boutique hotel with 13 bedrooms, offering facilities that include a spa in an area beneath the historical garden, which we managed to save in its entirety. The job came to a happy ending, and we are proud and satisfied to have brought new life to such an important specimen of historical heritage. Visit the country house today and it is clear that our approach was based not just on restoring and recovering the historical portions of the villa, but also on our keenly-held wish to introduce contemporary elements. For us, it is vital when we approach a project to combine the contemporary with an awareness of how valuable the vestiges of memory are, knowing that they cannot and must not be erased.

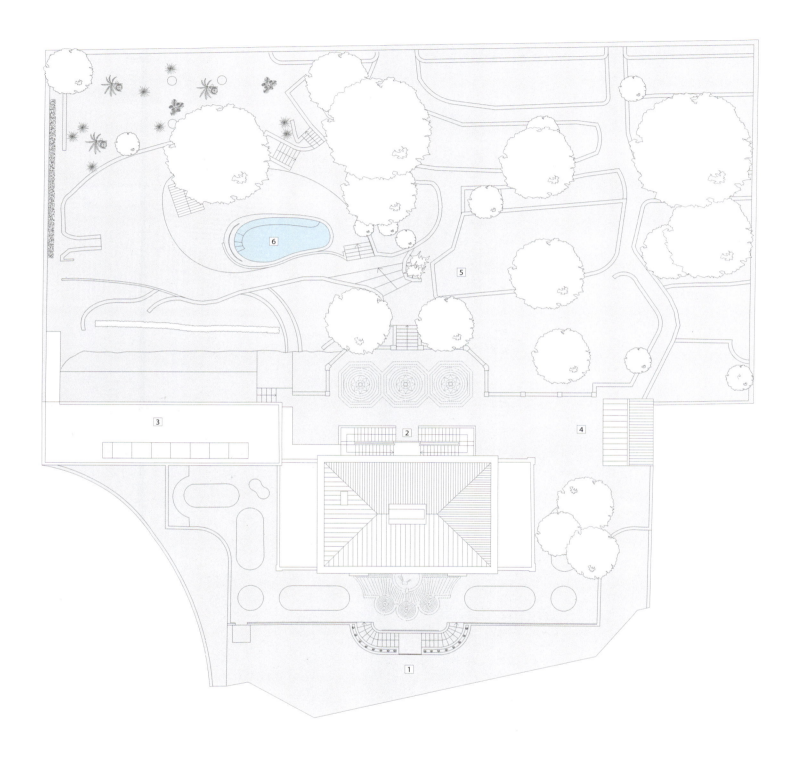

Planimetria
Site plan

1. Ingresso principale
2. Corpo principale
3. Corpo stanze secondario
4. Stanza indipendente
5. Parco
6. Piscina

1. Main entrance
2. Main building
3. Secondary building
4. Independent bedroom
5. Park
6. Pool

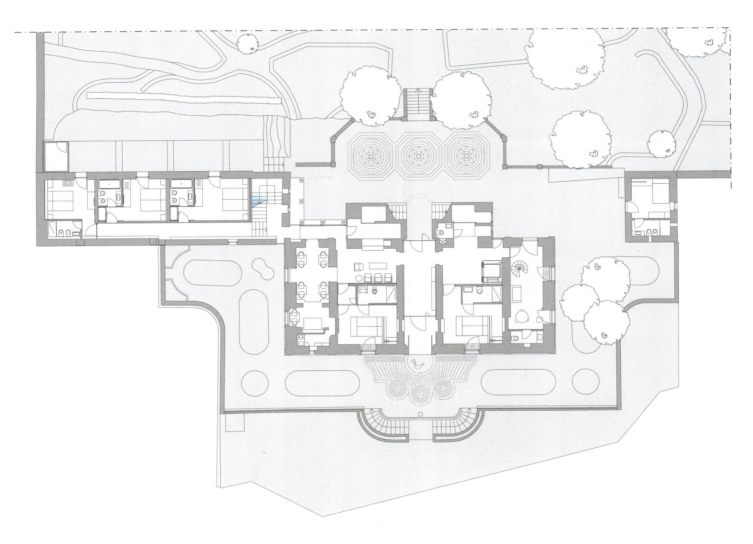

Pianta piano terra
Ground floor plan

La camera al piano terra del corpo principale all'interno della quale
è stato ricavato un soppalco che contiene il letto e un bagno;
in primo piano la scala metallica di collegamento.

The bedroom on the ground floor of the main building, inside which
a loft was created for the bed and a bathroom; in the foreground, the
metal access ladder.

Pianta primo piano
First floor plan

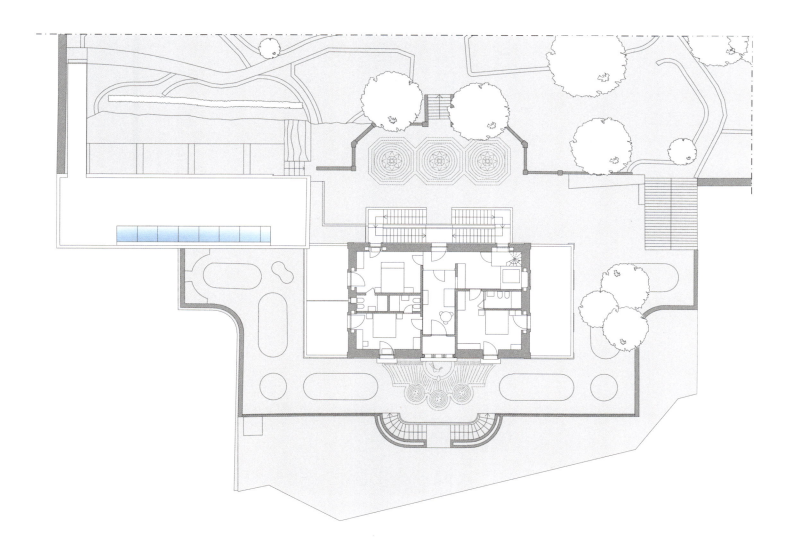

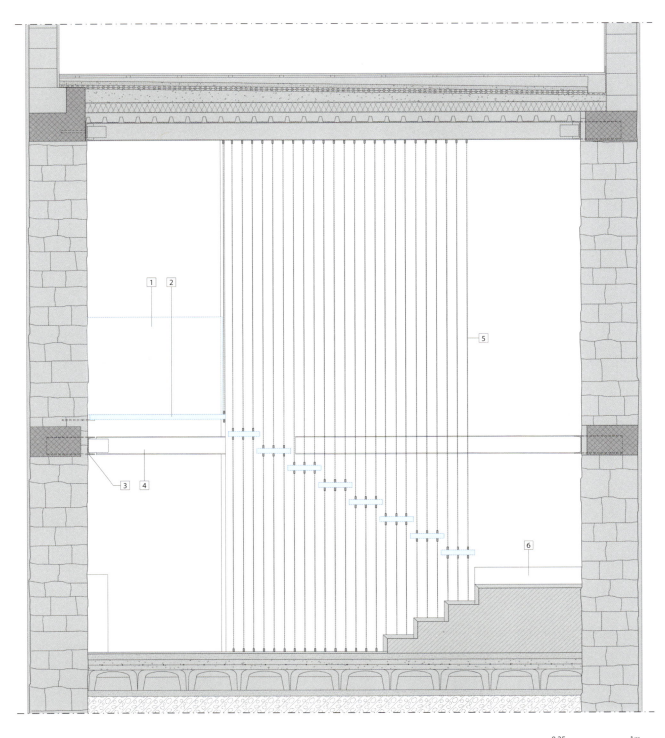

Dettaglio della scala del corpo secondario: Sezione verticale
Staircase of the secondary building detail: Vertical section

1. Parapetto in doppio vetro temperato
2. Gradino in triplo vetro temperato
3. Profilo UPN 180
4. Trave IPE 180
5. Tirante in acciaio Ø 6 mm
6. Scala rivestita in pietra pece
7. Tenditore in acciaio inox
8. Profilo UPN 240
9. Piatto in acciaio
10. Fazzoletto di rinforzo in acciaio

1. Railing in double tempered glass
2. Step in triple tempered glass
3. UPN 180 profile
4. IPE 180 beam
5. Ø 6 mm steel tie rod
6. Staircase covered in pitch stone
7. Stainless steel tensioner
8. UPN 240 profile
9. Steel plate
10. Steel reinforcement handkerchief

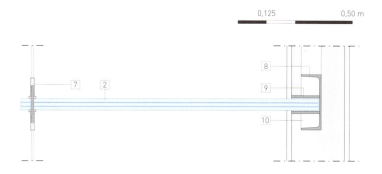

Dettaglio del gradino: Sezione verticale
Step detail: Vertical section

La villa vista dal parco
The villa from the park

La piscina nel parco
The pool in the park

L'ingresso principale
The main entrance

Il prospetto laterale
The side elevation

Il corridoio di accesso alle camere del corpo annesso
The access corridor to the rooms of the annexed body

L'area colazione
The breakfast area

Una delle camere nel corpo principale
One of the bedrooms in the main building

Una delle camere nel corpo ex-stalla
One of the bedrooms in the former stable building

La suite
The suite

Una delle camere nel corpo principale
One of the bedrooms in the main building

Una delle camere del corpo annesso
One of the bedrooms of the annexed building

Una delle camere del corpo annesso
One of the bedrooms of the annexed building

Location: Ragusa, Sicily
Architect: Architrend Architecture
Design Team: Gaetano Manganello, Carmelo Tumino, Carmelo Azzone
Collaborators: Fernando Cutuli, Simona Tumino, Federica La Terra, Marco Garfi, Vincenzo Bruni
Project Date: 2012
Completion Date: 2019
Materials: Glass, stone
Site Area: 2,770 m^2
Ground Floor: 385 m^2
First Floor: 260 m^2
Photography: Salvatore Gozzo, Moreno Maggi

Borgo Giallonardo

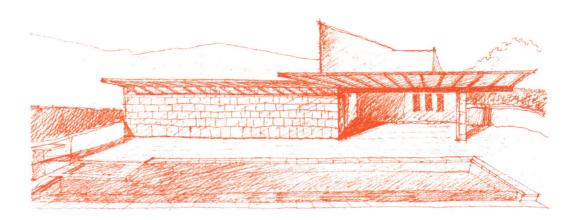

Borgo Giallonardo è un complesso rurale nato dalla passione dei proprietari, che con grande amore per la propria terra hanno costruito nel tempo una pregevole residenza di campagna da adibire a turismo rurale. Qui si declina il concetto di ospitalità tradizionale unito alle attività agricole legate alla produzione del vino e dell'olio. È una bella storia da raccontare, fatta di tanta passione e sacrificio, ma anche di risultati concreti che vanno a valorizzare il nostro territorio. Siamo a due passi da spiagge bellissime e molto ampie, con la vicina scala dei Turchi, promontorio costiero che abbaglia i visitatori per la sua grande bellezza. Paesaggi ricchi di storia - la valle dei templi di Agrigento è vicinissima - e ricchi di cultura. Questa è la Sicilia da conoscere, in contesti ancora incontaminati. Il nostro lavoro, a volte, ci porta a scoprire realtà inaspettate. Questo luogo, che non conoscevamo, ha rappresentato l'occasione per intervenire su una preesistenza, grazie a proprietari attenti e colti che hanno capito l'importanza del progetto di architettura. Abbiamo recuperato un edificio destinato ad attività produttive a nuove funzioni legate all'ospitalità.

Siamo intervenuti per ampliare l'attività di ospitalità con una nuova modalità di accoglienza, basata su un concept contemporaneo ma pur sempre intimamente collegato con il territorio.

Nel corpo produttivo sono state previste sei nuove camere e relativi servizi, una reception, una sala ristorante con angolo bar e cucina, mentre lo spazio esterno è stato arricchito con una nuova piscina che, immersa tra gli ulivi, risulta essere molto suggestiva e integrata nel complesso della proprietà. A Borgo Giallonardo abbiamo voluto creare vari ambienti semplici, ma raffinati ed eleganti. La nostra progettazione raggiunge così i risultati voluti, frutto di una bella identità di vedute con i nostri committenti, oltre che del buon lavoro delle imprese e delle maestranze. Tutto questo ha trovato e trova pronto riscontro nelle ottime recensioni degli ospiti della struttura, e non per ultimo nel buon andamento delle presenze stagionali di una clientela prevalentemente proveniente dall'estero.

Borgo Giallonardo is a rural complex that came into existence as a passion project for the owners, who over time have succeeded in creating a precious countryside residence focused on rural tourism in a place they love. The location combines the concept of traditional hospitality with farm work associated to the wine- and oil-making. The story beyond the property is well worth telling, because it is full of passion, sacrifice and tangible results that enhance the local area.
Here, we are a stone's throw from wide and beautiful beaches, including the nearby Scala dei Turchi, a coastal promontory that dazzles visitors with exceptional beauty. The landscape overflows with history - the Valley of the Temples is close by - and culture. This is a Sicily to be discovered, a still-unspoiled backdrop.
At times, our work brings us to discover unexpected places. None of us knew about this area beforehand, and yet it offered us a chance to work on a previous building with focused, educated owners who understand how important Architecture is as a project.
We converted a building previously used for productive activities to new hospitality-related functions. Our role was to expand hospitality capacity, ushering in a new method for receiving guests based on a contemporary concept that is nonetheless closely bound up with the local area.
We designed six new bedrooms and bathrooms for the production building, along with a reception area, restaurant room with corner bar and a kitchen; we enhanced the exterior with a new swimming pool that, set between olive trees, is highly evocative while being integrated into the property complex. We set out to create a variety of simple yet refined and elegant spaces at Borgo Giallonardo. The design achieved our aims, thanks to an approach shared by our clients, and excellent work by contractors and workers. We have all been rewarded by excellent reviews from the guests who have stayed there, and not least by strong seasonal bookings from the predominantly foreign clientele.

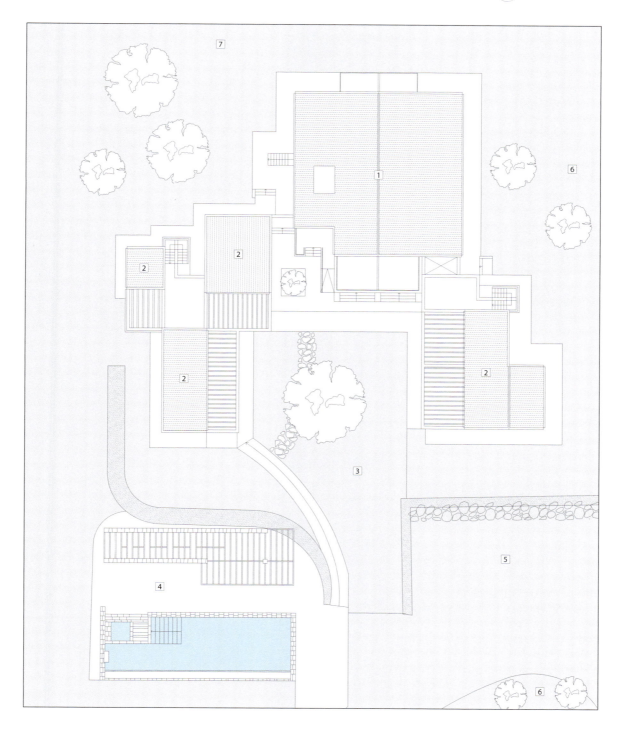

Planimetria
Site plan

1. Corpo principale
2. Corpi annessi
3. Corte con ulivo secolare
4. Area piscina con bar
5. Parcheggio
6. Uliveto
7. Vitigno

1. Main building
2. Annexed buildings
3. Court with centuries-old olive tree
4. Pool area with lounge bar
5. Parking
6. Olive grove
7. Grapevine

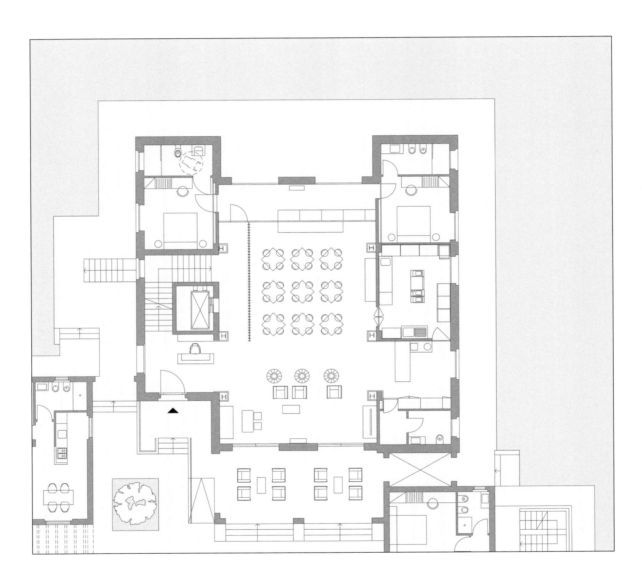

Pianta piano terra
Ground floor plan

La sala colazione caratterizzata dal ritmo delle tavole in legno che separano il corridoio d'accesso
alle camere e dai travetti scuri a soffitto che proiettano
lo sguardo dei visitatori verso la vetrata sul lato sud, verso il mare.

The breakfast room is cadenced by wooden tables that separate the corridor for accessing the bedrooms, and by dark
ceiling beams that lead visitors' eyes towards the south-facing window that looks towards the sea.

Le quattro camere al primo piano sono state ricavate, all'interno dell'edificio preesistente, tramite la realizzazione di un solaio intermedio leggero in legno e acciaio; ognuna è dotata di terrazzino con vista sul paesaggio circostante.

The four bedrooms on the first floor were carved out of the existing volume by building a lightweight intermediate wood and steel floor; each room features a small terrace that looks out over the surrounding landscape.

Pianta primo piano
First floor plan

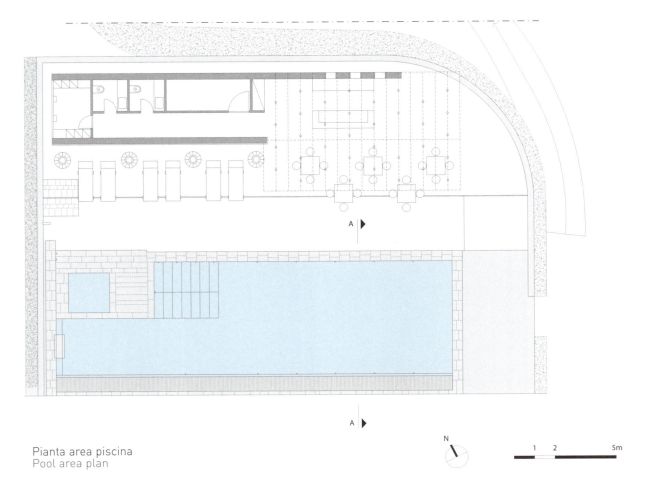

Pianta area piscina
Pool area plan

Sezione AA
AA Section

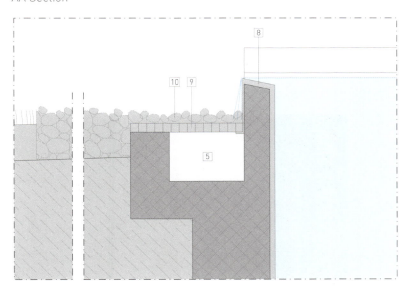
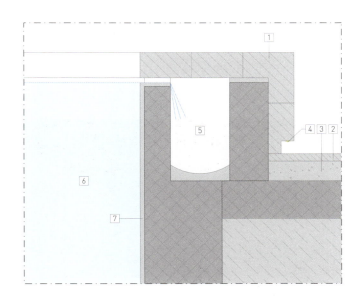

0,125 0,5 m

1. Bordo in pietra
2. Pavimentazione in pietra
3. Massetto copritubi
4. Strip LED perimetrale
5. Canaletta per lo sfioro
6. Piscina a sfioro
7. Rivestimento impermeabile in resina
8. Testa del muro rastremata verso l'interno
9. Griglia
10. Ciottoli di fiume

1. Stone edging
2. Stone paving
3. Coating screed for pipes
4. Perimeter LED strip
5. Overflow channel
6. Infinity pool
7. Waterproof resin coating
8. Head of the wall tapered inwards
9. Grid
10. River pebbles

La piscina
The pool

La piscina
The pool

La piscina e l'area lounge bar
The pool and the lounge bar area

L'area lounge bar adiacente la piscina
The lounge bar area adjacent to the pool

La sala colazione
The breakfast area

La sala e il bancone per le colazioni
The breakfast area and counter

Una delle camere nel corpo principale
One of the bedrooms in the main building

Una delle camere nel corpo principale
One of the bedrooms in the main building

Una delle camere nel corpo principale
One of the bedrooms in the main building

Una delle camere nel corpo principale
One of the bedrooms in the main building

Una delle camere al primo piano
One of the bedrooms on the first floor

Il bagno di una delle camere al piano primo
The bathroom of a room on the first floor

Location: Giallonardo, Sicily
Architect: Architrend Architecture
Gaetano Manganello & Carmelo Tumino
Collaborators: Marco Garfi, Simona Tumino, Federica La Terra, Vincenzo Bruni
Project Date: 2017
Completion Date: 2019
Materials: Wood, stone, concrete
Site Area: 2,500 m²
Pool Area: 400 m²
Underground Floor: 290 m²
Ground Floor: 275 m²
First Floor: 155 m²
Photography: Moreno Maggi

Villa M

2016 - 2019
Modica, Sicily
"Contemporary transformations"

Villa M

Spesso siamo chiamati per trasformare edifici o abitazioni progettati male, o meglio non progettati. La cultura del progetto non fa parte della maggioranza delle persone. Non è considerata, d'altra parte, neanche dalla politica. Chi detiene il potere di spendere soldi pubblici, lo fa quasi sempre senza conoscere il valore del progetto. Ecco perché in Italia, tanto più in Sicilia, è così difficile riuscire a costruire bene. La maggioranza di imprese e committenti privati non vede l'architetto come una figura chiave, garante della qualità del costruito. Tuttavia molte volte, sempre più spesso, persone sensibili e attente al valore del progetto si rivolgono al nostro studio per rimediare a scelte non condivise, a costruzioni senza identità. È il caso di Villa M.

Una giovane coppia acquista un rustico già costruito in un contesto periferico, una lottizzazione semirurale nei pressi della bellissima città di Modica, perla del barocco. Fin dal primo sopralluogo è emersa come visione comune la volontà di cambiare totalmente la struttura esistente per donarle una propria identità, facendo di una casa anonima un'architettura contemporanea, con spazi ben progettati e significativi.

Far vivere la casa, sentirla propria, amarla, valorizzarne il rapporto tra gli interni e l'esterno. Questi erano i nostri obiettivi comuni. Abbiamo progettato una grande zona giorno, al piano terra, accostando ad essa una veranda coperta, che insieme delimitano il prospetto basamentale della casa. La zona giorno è uno spazio aperto in contatto con l'esterno, senza soluzione di continuità, attraverso le grandi vetrate che delimitano il fronte lungo il giardino d'ingresso. Nella zona posteriore, la presenza di un dislivello nel lotto libera il volume del piano interrato, in comunicazione con l'esterno. A questo livello abbiamo realizzato un pergolato che corre per tutto il prospetto e una piscina rettangolare, che con i suoi riflessi esalta la purezza dei volumi della casa. Sul limite posteriore, tra la piscina e il muro di recinzione, tre alti palmizi evocano le atmosfere dei quadri di David Hockney e in particolare del suo dipinto *A Bigger Splash*. Quella luce piena, vivida, che satura tutto, quella luce che esalta la purezza dell'architettura.

We are commissioned to convert buildings or houses that were poorly designed, or in some cases not designed at all. Most people have no knowledge of what design culture is. This applies to politicians too: the people who control the public purse strings hardly ever act with any awareness about the value of a design. That explains why in Italy - and this is even more true in Sicily - it is so hard to build well. Most companies and private clients do not consider architects to be guarantors of building quality. That said, it is also increasingly true that thoughtful people who are aware about the value of design call in our practice to remedy choices they do not agree with and buildings that lack identity. Villa M was one such job.

A young couple bought a previously-built country cottage in a suburban area, on a semi-rural plot near the beautiful city of Modica, the pearl of the baroque. From our initial site visit, it was clear that we shared a common vision and desire to give the existing structure its own identity, to turn an anonymous house into a piece of contemporary architecture with well-designed and meaningful spaces.

Our aim was to make it come alive, to ensure that the owners loved the place as their very own, and at the same time enhance the relationship between the property's interior and exterior.

We designed a large ground floor living area and adjacent covered veranda, which define the house's base elevation. This area is an open space in contact with the outside, thanks to the continuity of large windows running along the front garden. To the rear, the plot's slope frees the volume from the basement and links it with the outside. On this level, along the entire elevation we created a pergola, and a rectangular pool whose glinting reflections highlight the home's pure volumes. At the rearmost extremity, between the pool and the surrounding wall, three tall palm trees evoke the atmosphere of a David Hockney painting, in particular *A Bigger Splash*. This full, vivid light that saturates everything is the same one that highlights the purity of architecture.

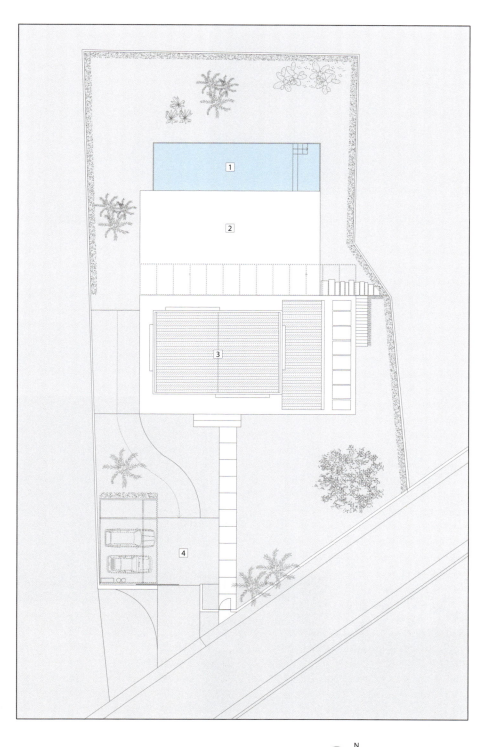

Planimetria
Site plan

1. Piscina
2. Veranda
3. Edificio
4. Area parcheggio

1. Pool
2. Veranda
3. Building
4. Parking

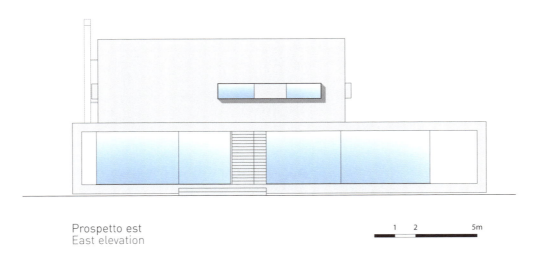

Prospetto est
East elevation

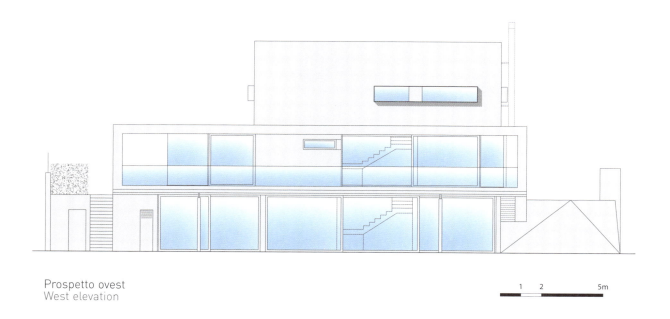

Prospetto ovest
West elevation

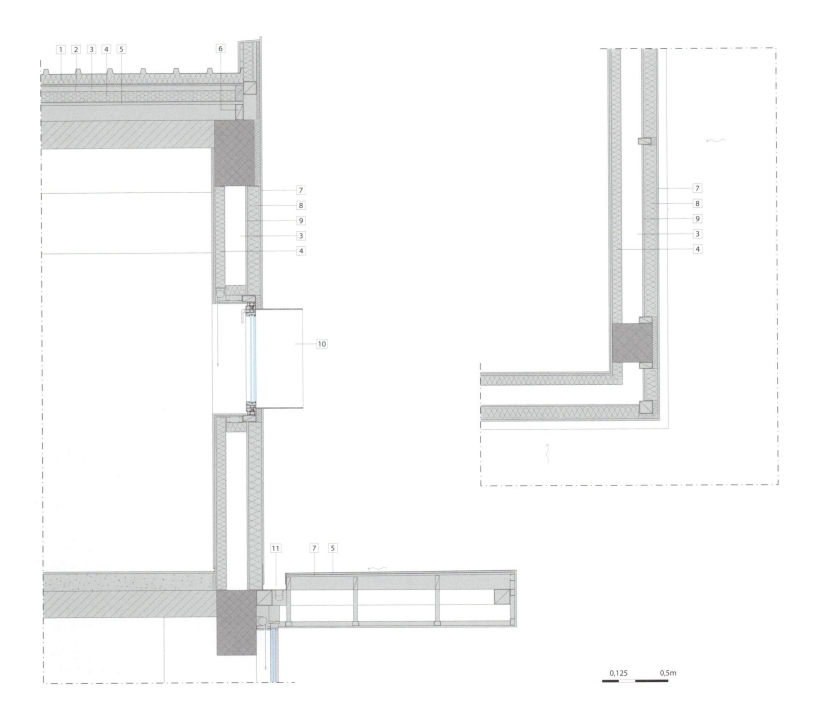

Dettaglio della parete del piano superiore con assemblaggio a secco: Sezioni orizzontale e verticale
Upper floor wall with dry assembly detail: Horizontal and vertical sections

1. Pannello sandwich preaccoppiato
2. Pannello OSB
3. Camera d'aria
4. Isolamento in lana di vetro
5. Multistrato fenolico
6. Profilato in acciaio
7. Lastra Aquapanel
8. Isolamento in lana di roccia
9. Pannello in cartongesso
10. Cornice in lamiera
11. Canaletta di raccolta

1. Pre-coupled sandwich panel
2. OSB panel
3. Air chamber
4. Insulation in glass wool
5. Phenolic multilayer
6. Steel profile
7. Aquapanel slab
8. Insulation in rock wool
9. Plasterboard panel
10. Sheet metal frame
11. Collection duct

L'edificio preesistente prima dell'intervento
The pre-existing building before the intervention

Particolare del prospetto sud
Detail of the south elevation

I prospetti sud ed est dell'edificio
The south and east sides of the building

L'ingresso
The entrance

L'ingresso dalla strada
The entrance to the villa

Il prospetto sul retro e la piscina
The rear elevation with the pool

La vetrata della cucina
The kitchen glass window

Il soggiorno e la zona pranzo
The living room and the dining area

L'isola con la cucina e il lavello
The island with the kitchen and sink

La cucina con la zona pranzo
The kitchen with the dining area

La cucina
The kitchen

Il bagno
The bathroom

Location: Modica, Sicily
Architect: Architrend Architecture
Gaetano Manganello & Carmelo Tumino
Collaborators: Simona Tumino, Fernando Cutuli
Project Date: 2016
Completion Date: 2019
Materials: Concrete, glass, aluminum
Site Area: 1,430 m²
Underground Floor: 165 m²
Ground Floor: 130 m²
First Floor: 95 m²
Photography: Moreno Maggi, Giorgio Biazzo

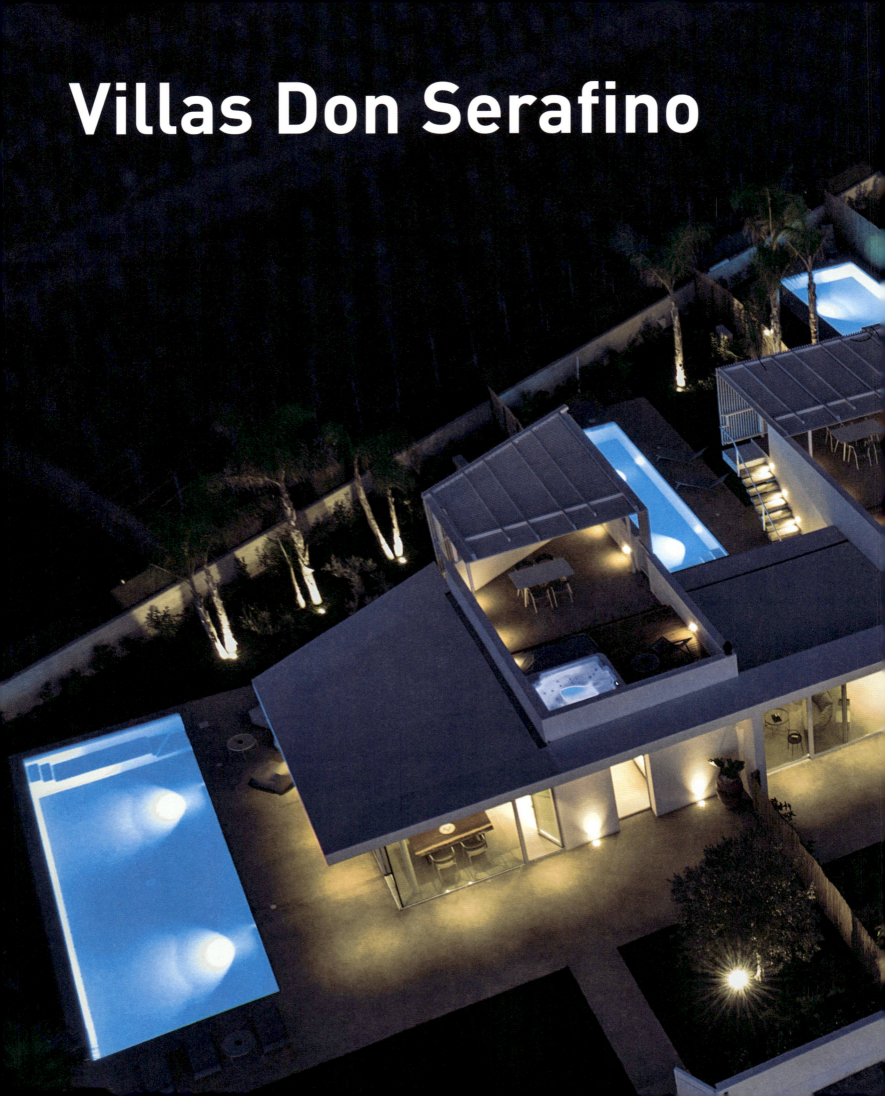

Villas Don Serafino

2016 - 2019
Marina di Ragusa, Sicily
"Architectural identity in a Mediterranean context"

Villas Don Serafino

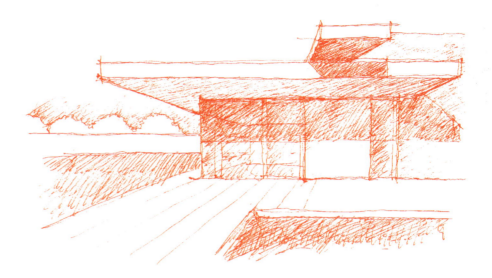

Il complesso Villas Don Serafino, alla periferia di Marina di Ragusa, occupa un lotto di terreno non distante dalla riserva naturale della foce del fiume Irminio.
La società committente, che gestisce varie attività ricettive tra cui il ristorante a due stelle Locanda Don Serafino di Ragusa Ibla, aveva richiesto lo sviluppo di un progetto di residenze per vacanze, dotate di servizi di alto livello. Ognuna delle sette ville si apre al piano terreno con ampie pareti vetrate su un giardino con piscina, dal quale una scala in cemento conduce alla zona superiore terrazzata; qui il solarium pavimentato in doghe di legno è attrezzato con vasca idromassaggio esterna e affiancato a una zona protetta da un pergolato frangisole in alluminio.
Il colore bianco e omogeneo della muratura di facciata, inframmezzato dalle grandi vetrate scorrevoli che si affacciano sui giardini, conferisce all'intero complesso un carattere prettamente mediterraneo.
Gli interni lasciano invece maggior spazio a elementi decorativi, con le pareti finite a calce di colore grigio cemento e blu indaco. Nei bagni le superfici sono definite da piastrelle in ceramica di vari colori e texture, tutte con riferimento alla tradizione e ai colori mediterranei.
Nel contesto in cui si trovano, le ville di questo complesso turistico costituiscono una forte presenza architettonica; come per tanti altri lavori realizzati dallo studio, anche in questo caso crediamo di essere riusciti a imprimere all'architettura una identità non banale, che è stata apprezzata sia dalla committenza sia dai turisti fruitori delle ville.

The Villas Don Serafino complex on the outskirts of Marina di Ragusa stands on a plot of land not far from the nature reserve at the mouth of the River Irminio.
The client company, which manages various accommodation and catering locations including the two-starred Locanda Don Serafino restaurant in Ragusa Ibla, commissioned us to develop a design for holiday residences equipped with high-level amenities. Via large glass walls, each of the seven villas opens out on its ground floor onto a garden with pool, from which a concrete staircase leads to an upper-floor terraced area. Here, a solarium with wooden decking is equipped with an outdoor Jacuzzi flanked by an area sheltered by an aluminum pergola shade.
The even white-hued façade walls, interspersed with large sliding windows that overlook the gardens, give the entire complex a typically Mediterranean look.
The interiors, on the other hand, left more scope for decorative elements: here, the walls are finished in cement grey and indigo blue plaster. Bathroom surfaces feature ceramic tiles in various colors and textures, all of which reference traditional Mediterranean colors.
In their surroundings, the villas in this tourist complex make a strong architectural statement. As is true of many of our practice's works, we believe we have succeeded in giving our architecture a far-from-humdrum identity, something that is appreciated by both the client and the tourists who stay at these holiday villas.

Planimetria
Site plan

Prospetto nord - Villa 1
North elevation - Villa 1

Prospetto ovest
West elevation

Le vetrate dello spazio soggiorno si affacciano sulla piscina e sul giardino privato.
Esse pongono in continuità diretta gli ambienti interni ed esterni,
vissuti dagli ospiti prevalentemente durante il periodo di vacanze estive.

The living room windows overlook a swimming pool and private garden.
The windows make for direct continuity between the indoor and outdoor areas
in this house used mainly during the summer holidays.

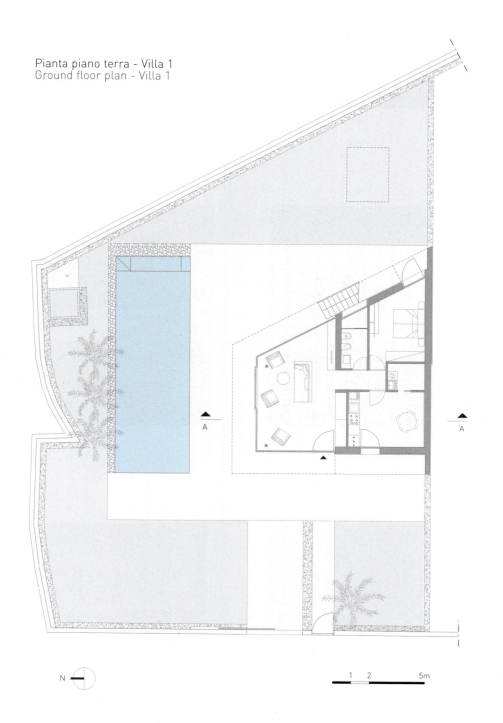

Pianta piano terra - Villa 1
Ground floor plan - Villa 1

Vista aerea del fronte posteriore delle ville
Aerial rear view of the villas

I terrazzi con vista mare
The sea-view terraces

Vista notturna della veranda adiacente la piscina
Night view of the veranda by the pool

Vista notturna dal giardino della villa 1
Night view of villa 1 from the garden

Vista notturna della piscina di una delle ville
Night view of the pool at one of the villas

Il giardino posteriore di una delle ville
The back garden at one of the villas

La vasca idromassaggio sul terrazzo
Jacuzzi on the terrace

Il soggiorno con vista sulla piscina e sul giardino
The living room, with pool and garden view

Ampie vetrate garantiscono continuità tra interno ed esterno
Large windows ensure continuity inside and out

Una delle camere da letto matrimoniali
One of the double bedrooms

Una delle camere da letto matrimoniali
One of the double bedrooms

Il bagno
The bathroom

Location: Marina di Ragusa, Sicily
Architect: Architrend Architecture
Gaetano Manganello & Carmelo Tumino
Collaborators: Simona Tumino, Fernando Cutuli
Project Date: 2016
Completion Date: 2019
Materials: Concrete, glass
Site Area: 3,180 m²
Ground Floor: 45 m² x unit
Photography by Gianfranco Guccione

Urban Stages

Urban Stages

Location:
Ragusa, Palermo, Favara - Sicily

Curators Architettura Oggi!:
Fondazione ARCH di Ragusa

Curators Changing Architecture:
Gaetano Manganello, Mario Chiavetta

Partnership:
Fondazione ARCH di Ragusa
Ordine degli Architetti di Ragusa
Ordine degli Architetti di Palermo
Ordine degli Architetti di Agrigento

Dates:
Architettura Oggi!, Giardino Ibleo, Ragusa - 2012
Architettura Oggi!, ponte Pennavaria, Ragusa - 2016
Changing Architecture, Palermo - 2017
Changing Architecture, Favara - 2017

Tutto è iniziato nel 2012 quando organizzammo, insieme alla Fondazione ARCH dell'Ordine degli Architetti di Ragusa, la prima edizione di *Architettura Oggi!*, manifestazione ideata per promuovere l'architettura di qualità. Progettammo un allestimento site-specific nel centro storico di Ragusa Ibla lungo il viale principale del Giardino Ibleo: un tavolo lungo 84 metri costituiva il supporto per l'esposizione di vari progetti, rendendo accessibile a tutti in uno spazio pubblico la visione dell'architettura costruita.
Nel 2016, la seconda edizione di *Architettura Oggi!* fu organizzata a Ragusa superiore, presso il ponte Nuovo. L'allestimento progettato insieme alla Fondazione ARCH prevedeva una successione di portali in legno che rendeva possibile una nuova fruizione del ponte, da area di parcheggio a sede di manifestazioni culturali.
Sempre nel 2016, l'allestimento sul ponte fu l'occasione per lanciare *Changing Architecture*, una mostra itinerante nata dal confronto con Mario Chiavetta, architetto animato da una grande passione per l'architettura e molto attivo, con l'Ordine degli Architetti di Palermo, nella promozione culturale.
La mostra, curata da Gaetano Manganello e Mario Chiavetta, dopo la prima edizione a Ragusa nel 2016 si è spostata a Palermo in piazza Ruggero Settimo, di fronte al Politeama Garibaldi di Giuseppe Damiani Almeyda. Un nuovo allestimento ha delineato qui una struttura modulare in legno che determina un forte segno, una grande circonferenza - inscritta nel quadrato della piazza - costituita dalla successione dei portali in legno e resa permeabile da quattro ingressi. La leggerezza dei portali crea trasparenza nella scena urbana caratterizzata dalle quinte architettoniche dei primi del Novecento e del Politeama Garibaldi, evidenziandone la presenza. Il rimando formale e figurativo affonda nella nostra memoria storica, dai recinti primigeni alle *tholos* e ai teatri e anfiteatri classici, dei quali la Sicilia costituisce uno splendido museo a cielo aperto. In seguito la mostra fu spostata a Favara, cittadina sede di un grande progetto sperimentale di rigenerazione urbana, il Farm Cultural Park. A Favara l'allestimento delineava due grandi semicirconferenze, che sfalsate tra loro definivano uno spazio dinamico, inscritto nel rettangolo della piazza principale del centro storico. *Changing Architecture* rappresenta i valori che perseguiamo nei nostri progetti. Un'architettura del cambiamento, capace di rendere migliori, più vivibili, i luoghi delle nostre città.

The story began in 2012, when we teamed up with Fondazione ARCH at the Ragusa Chamber of Architects to stage the first *Architettura Oggi!* event, conceived to promote quality architecture. We designed a site-specific layout for central Ragusa Ibla, along the main boulevard through the Giardino Ibleo: an 84 m-long panel for exhibiting a variety of projects, showcasing a display of built architecture in a public space.
In 2016, the second edition of *Architettura Oggi!* was staged in Upper Ragusa, on Ponte Nuovo. Designed with Fondazione ARCH, the layout envisaged a series of wooden portals to repurpose the bridge for a different kind of destination: as a venue for cultural events, rather than a parking lot.
In 2016, the bridge layout offered the chance to launch *Changing Architecture*, a travelling exhibition that evolved out of a to-and-fro conversation with Mario Chiavetta, an architect with a great passion for architecture who is very much involved in cultural promotion for the Palermo Chamber of Architects. Curated by Gaetano Manganello and Mario Chiavetta, after its first outing in Ragusa in 2016, the exhibition travelled to Ruggero Settimo Square in Palermo, opposite Giuseppe Damiani Almeyda's Politeama Garibaldi. The new layout for Palermo consisted of a high-impact modular wooden structure: a large circle carved out of the square piazza, made up of a series of wooden portals, its permeability ensured by four entrances. The portals' lightness infused the urban backdrop with transparency, characterized by architecture from the early 1900s and the Politeama Garibaldi, whose presence they emphasized.
Its formal and figurative references hark back into the mists of historical memory, from the earliest *tholos* fences to classical theaters and amphitheaters, for which Sicily is a wondrous open-air museum. The exhibition subsequently travelled on to Favara, a town that has become an experiment in urban regeneration thanks to the Farm Cultural Park initiative. Here, the layout was converted into two large semi-circles, slightly offset to create a dynamic space within the old town's rectangular main square.
Changing Architecture is an epithet that communicates the values we pursue in our projects. Our change-led architecture is not only capable of making the cities we live in better, they can be better to live in.

Sopra: *Changing Architecture* in piazza Cavour a Favara
A sinistra: *Architettura Oggi!* sul ponte Pennavaria a Ragusa
Pagina precedente: *Architettura Oggi!* al Giardino Ibleo a Ragusa Ibla

Above: *Changing Architecture* in Cavour square in Favara
On the left: *Architettura Oggi!* on the Pennavaria bridge in Ragusa
Previous page: *Architettura Oggi!* at the Giardino Ibleo in Ragusa Ibla

Architettura Oggi! al Giardino Ibleo a Ragusa Ibla
Architettura Oggi! at the Giardino Ibleo in Ragusa Ibla

Architettura Oggi! al Giardino Ibleo a Ragusa Ibla
Architettura Oggi! at the Giardino Ibleo in Ragusa Ibla

Architettura Oggi! da piazza Giovan Battista Hodierna
Architettura Oggi! from Giovan Battista Hodierna square

Architettura Oggi! sul ponte Pennavaria a Ragusa
Architettura Oggi! on the Pennavaria bridge in Ragusa

Architettura Oggi! sul ponte Pennavaria a Ragusa
Architettura Oggi! on the Pennavaria bridge in Ragusa

Architettura Oggi! sul ponte Pennavaria a Ragusa
Architettura Oggi! on the Pennavaria bridge in Ragusa

Changing Architecture in piazza Cavour a Favara
Changing Architecture in Cavour square in Favara

Changing Architecture in piazza Cavour a Favara
Changing Architecture in Cavour square in Favara

Changing Architecture in piazza Cavour a Favara
Changing Architecture in Cavour square in Favara

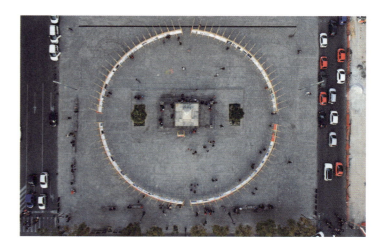

Changing Architecture in piazza Ruggero Settimo a Palermo
Changing Architecture in Ruggero Settimo square in Palermo

Changing Architecture in piazza Ruggero Settimo a Palermo
Changing Architecture in Ruggero Settimo square in Palermo

Changing Architecture in piazza Ruggero Settimo a Palermo
Changing Architecture in Ruggero Settimo square in Palermo

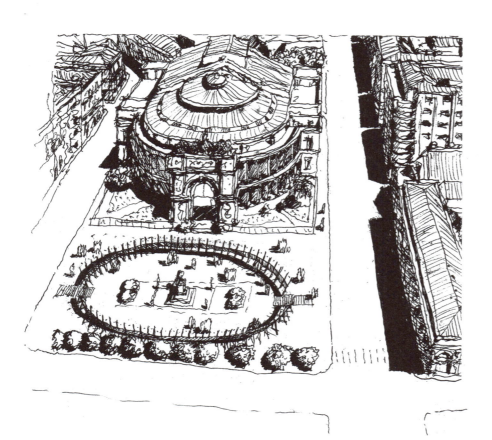

Changing Architecture, schizzo, arch. Mario Chiavetta
Changing Architecture, sketch, arch. Mario Chiavetta

Regesto delle opere
Projects panorama

1990-2000

Villa Ondine — 1987

Distinction — 1990

Edificio Industriale BR — 1992

Casa GT — 1992

Seica — 1993

Cappella Funeraria — 1994

Cooperativa Fedele — 1996

La Fenice — 1996

Ottica Algieri — 1996

Villa a Monterosso — 1997

Casa RV — 1997

Il Cielo — 1998

Villa M — 1999

IPSIA Ragusa — 1999

Casa per Anziani — 1999

Rainbow — 1999

2000 - 2010

Gioielleria IOSì — 2001

Uffici T. Lena — 2002	Villa SM — 2005	Villa AV — 2006

Villa L — 2003	Pelletteria — 2005	Chiesa di S.M. La Nova — 2006

Housing CSH #17 — 2003	Casa L — 2005	Villa T — 2007

Casa LP — 2003	Arpel #3 — 2005	Giardino Ibleo — 2007

Casa ML — 2004	Villa CS — 2005	Housing CSH #14 — 2007

Arpel #4 — 2004	Villa LG — 2005	Architrend Office — 2007

| Villa GB — 2007 | Villa GL — 2008 | Resec — 2009 |

Uffici Spontini — 2007 | Villa DM — 2008 | Primopiano — 2009

Bar Kamena — 2007 | Ex Centrale Elettrica — 2008 | Housing CSH #47 — 2009

Residence Kamena — 2007 | Arpel #5 — 2008 | Villa D — 2010

Villa Carlotta Hotel — 2007 | Styling — 2009 | Arpel #1 — 2010

Pietre Nere Resort — 2008 | Casa LB — 2009 | Villa PM — 2010

Villa GM 2010

Villa P 2010

Housing CSH #19 2010

2010 - 2019 ················|

Area Archeologica 2011

Casa LR 2012

Cacioteca Regionale 2012

Architettura Oggi! 2012

Arpel #2 2012

Casa AF 2012

LBG Sicilia 2013

Casa LS 2014

Casa Erny 2014

Casa NL/NF 2014

Casa CFS 2014

Showroom CH 2014

MAD 2014

Gioielleria PL 2014

Grand Cave Suite 2015 	La Madia 2016 	Edificio TG 2019 
Case BG 2015 	Changing Architecture 2016 	Villa Boscarino 2019 
Dolce Ragusa 2015 	Alba Palace Hotel 2017 	Casa K 2019 
Pietre Nere SPA 2016 	Changing Architecture 2017 	Casa B 2019 
Casa FM 2016 	Changing Architecture 2017 	Villa M 2019 
Studio Legale SF 2016 	Butterflies Home 2017 	Villas Don Serafino 2019 

Work in progress

Palazzo La Madia

Villa VP

Ville N+N

Villa AC

Bartolomeo Arreda

Casa PR

Ville ED

Residenze A

La Rotonda

Ville C

Relais R

Lipparini

Villa AM

Casa SG

Chiesa San Paolo

Residence AL

LBG Visitor Center

Villa A

343

Villa FL

Villa NS

LBG torre

Projects

Villa DB   2010

Centro Servizi Funerari   2011

Edificio F.I.M.   2011

Uffici Uniprofil   2011

Villa CV   2013

Pensiline Fotovoltaiche   2014

Porto Turistico Marina di RG   2014

Villa P   2014

Centro culturale ex-INA   2014

Museo Arte Contemporanea   2014

Concorso BluePrint   2016

Villa A   2016

Cappella C   2017

Concorso Chiesa (AG)   2017

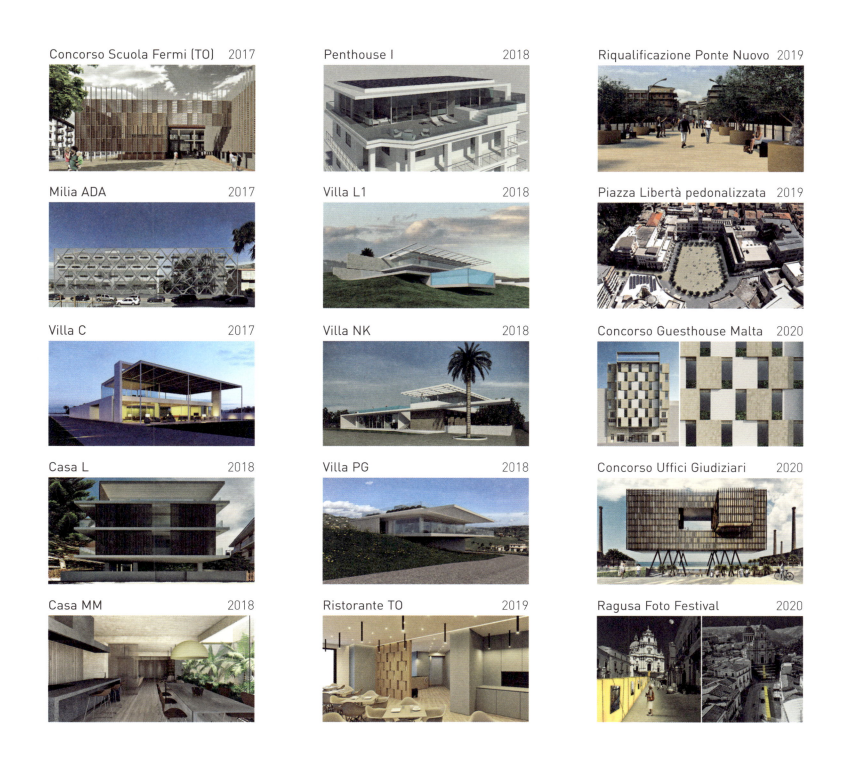

to be continued...

Architrend Architecture

Architrend Architecture

Progettare e costruire Architetture è il nostro scopo. Un mestiere, quello dell'architetto, con una grande responsabilità, cambiare i luoghi in cui viviamo, ricercandone i valori migliori. Tale consapevolezza è maturata poco a poco, attraverso gli anni universitari, i primi progetti realizzati e tutti gli altri a seguire. L'università è stata una grande opportunità: l'insegnamento dell'Architettura era rivolto a considerare il valore della città e degli edifici di pietra. I primi progetti realizzati sono uno specchio di quegli anni, debitori della visione di Adolfo Natalini, il nostro relatore di tesi, capace di trasmetterci con forza la passione verso un mestiere meraviglioso, la volontà di fare bene, continuando a provare e riprovare.

Nel tempo abbiamo sviluppato una sensibilità contemporanea, progetti nei quali l'obiettivo di una ricercata semplicità è raggiunto tramite una difficile complessità. Ci confrontiamo quotidianamente con la realtà dei luoghi per contribuire con i nostri edifici a migliorare il territorio. Abbiamo svolto e continuiamo a svolgere la professione di progettisti in un contesto pieno di valori storici e ambientali che viene interpretato secondo criteri di continuità tra paesaggio e Architettura costruita. Attenzione verso le tracce del territorio, sia storiche che ambientali, sensibilità verso la sostenibilità energetica, costituiscono i riferimenti principali delle opere del nostro studio.

Our objective is to design and build Architecture. Because of the way that architecture changes the places where we live, the architect's profession has a great responsibility to seek out the highest of values. Our awareness of this has grown little by little over the years, through our time at university, the first projects we built, and all the others that have followed since. University was a fabulous opportunity: the approach behind our architectural teachings put the onus on considering the value of the city and its stone buildings. The first projects we built reflect those years, indebted to the vision of Adolfo Natalini, our thesis supervisor, who very much passed on to us his passion for this wonderful job, the will to do well, and continuing to try and try again.

Over the years we have developed a contemporary sensibility through projects in which we strive to achieve our goal of refined simplicity in the difficulties of complexity. Every day, we face up to the reality of the sites where we work, as our buildings contribute to improving the territory. As designers, our work has always unfolded in a context that overflows with historical and environmental values. We interpret these values through continuity between the landscape and built architecture. Our firm's guiding principles are attentiveness to what history and the environment have handed down to us, along with a sensitivity to energy sustainability.

Collaboratori studio / Collaborators:

Abar Soroor, Abela Francesca, Adamo Massimiliano, Anfuso Patrizia, Angiletti Fabio, Anguzza Alessia, Arancio Alessandro, Arezzi Massimo, Belfiore Daniel, Bou Abdo Etienne, Bruni Vincenzo, Cassone Carla, Catalano Riccardo, Cazzetta Sara, Chiavola Gianluca, Cigna Sara, Cilia Claudia, Cubisino Silvio, Cutuli Fernando, Del Popolo Giuseppe, Dimartino Giuseppe, Dimartino Lara, Distefano Barbara, Freiman Sara, Galfo Gianluca, Garfì Marco, Giurdanella Valeria, Guastella Pinella, Jager Frank, La Carrubba Savina, La Terra Federica, Licitra Paola, Lo Magno Bruna, Manganello Irene, Manganello Leonardo, Manganello Lorenzo, Nigro Debora, Occhipinti Fabrizio, Occhipinti Salvatore, Pluchino Giannamaria, Poidomani Massimo, Polizzi Michael, Puglisi Giuseppe, Salamone Gianfranco, Schembari Claudia, Scionti Raffaele, Tidona Ivana, Tuminello Uccio, Tumino Simona, Wojtek Schmall

Fernando Cutuli   Simona Tumino

Marco Garfi   Carmelo Tumino   Gaetano Manganello   Irene Manganello   Lorenzo Manganello   Federica La Terra

Biografie
Biographies

Gaetano Manganello

Progettista, architetto con la passione per l'architettura, dopo la laurea a Firenze con Adolfo Natalini si è impegnato sin dall'inizio della sua carriera nella progettazione e nella direzione dei lavori di edifici di ogni funzione. Fondatore con Carmelo Tumino dello studio Architrend Architecture. Tra le opere principali dello studio varie case unifamiliari, alberghi, spazi pubblici, scuole, edifici per uffici. Insieme all'attività di progettista, ha organizzato seminari, workshop, eventi e mostre di architettura. Dal 2011 al 2018, in qualità di Presidente della Fondazione ARCH di Ragusa ha organizzato varie manifestazioni e installazioni urbane: nel 2012 *Architettura Oggi!*, con il tavolo dell'architettura, presso il giardino Ibleo a Ragusa Ibla, installato l'anno successivo in occasione di *Architects meet in Selinunte* di fronte al tempio di Era a Selinunte. Nel 2016 è la volta dell'installazione sul ponte nuovo nel centro di Ragusa per la nuova edizione di *Architettura Oggi!*, mentre nel 2017 una nuova mostra, *Changing Architecture*, rivitalizza il centro di Palermo e la Piazza Politeama con una grande installazione site specific che in seguito è diventata itinerante. Nel 2017 realizza un'installazione all'interno dei sette cortili della Farm Cultural Park di Favara, inaugurata con una mostra di Mario Cucinella. Con lo studio Architrend ha partecipato a numerosi concorsi di architettura e a diverse mostre tra cui la Biennale di Architettura di Venezia, all'interno del Padiglione Italia, nel 2012 e nel 2018, la mostra internazionale *Italy now!* nel 2011 e varie edizioni di *Architects meet in Selinunte*. Sempre con lo studio Architrend ha vinto diversi premi di architettura, tra i quali il Premio Vaccarini per l'architettura contemporanea in Sicilia nel 2009, il Premio Ance Catania nel 2010 e 2011, il Premio IN/ARCH per i ristoranti e hotel di design nel 2014 nel 2018; lo studio si è inoltre classificato per due volte secondo al Premio PIDA nella sezione Hotel di nuova costruzione (2014, 2018), si è aggiudicato il Premio Metra sistema d'autore nel 2011 e nel 2019 e nel 2016 ha vinto il Premio selezione RI.U.SO del CNAPPC.

A designer and architect with a passion for architecture, after graduating in Florence with Professor Adolfo Natalini, since the start of his career Manganello has been involved in designing and managing all types of buildings. Together with Carmelo Tumino, he founded Architrend Architecture. The practice's flagship works include a number of detached houses, hotels, public spaces, schools and office buildings. Alongside his design work, he has organized architecture seminars, workshops, events and exhibitions. From 2011 to 2018, as President of the ARCH Foundation of Ragusa, he staged a number of events and urban installations: in 2012, *Architettura Oggi!*, featuring an architecture table at the Ibleo Gardens in Ragusa Ibla, which the following year was installed at *Architects meet in Selinunte* opposite the Temple of Hera in Selinunte. In 2016, he came up with an installation for the new bridge in the center of Ragusa during that year's edition of *Architettura Oggi!*, and in 2017 conceived a new exhibition, *Changing Architecture*, that revitalized the center of Palermo and Piazza Politeama with a large-scale site-specific installation that later became a travelling exhibit. In 2017, he created an installation inside the seven courtyards at the Favara Farm Cultural Park, which was inaugurated with an exhibition by Mario Cucinella. With Architrend, he has participated in numerous architecture competitions and exhibitions, including the Venice Architecture Biennale in the Italian Pavilion in 2012 and 2018, the international exhibition *Italy now!* in 2011, and various editions of *Architects meet in Selinunte*. Working with Architrend, he has won several architecture awards, including the Vaccarini Prize for contemporary architecture in Sicily in 2009, the Ance Catania Prize in 2010 and 2011, and the IN/ARCH Prize for restaurants and designer hotels in 2014 and 2018; the firm has also twice placed second in the PIDA Prize for newly-built hotels (2014, 2018), won the Metra sistema d'autore Prize in 2011 and 2019, and in 2016 won the CNAPPC RI.U.SO selection prize.

Carmelo Tumino

Architetto progettista, dopo la laurea a Firenze con Adolfo Natalini ha sempre esercitato la libera professione, impegnato sin dall'inizio della sua carriera nella progettazione e nella direzione dei lavori di edifici di ogni funzione. Fondatore con Gaetano Manganello dello studio Architrend Architecture. I progetti dello studio, pubblicati in varie riviste nazionali e internazionali, esprimono la volontà di realizzare edifici con una forte identità architettonica. Tra le opere principali dello studio varie case unifamiliari, alberghi, spazi pubblici, scuole, edifici per uffici. Con lo studio Architrend, Carmelo Tumino ha vinto diversi premi di architettura tra i quali il Premio Vaccarini per l'architettura contemporanea in Sicilia nel 2009, il premio ANCE Catania nel 2010 e nel 2011, il premio IN/ARCH per i ristoranti e hotel di design nel 2014 e nel 2018 lo studio si è inoltre classificato per due volte secondo al Premio PIDA nella sezione Hotel di nuova costruzione (2014, 2018), si è aggiudicato il Premio Metra sistema d'autore nel 2011 e nel 2019 e nel 2016 ha vinto il Premio selezione RI.U.SO del CNAPPC. Progettista del piano di settore per le attrezzature di interesse comune e generali di Ragusa, del complesso scolastico IPSIA di Ragusa, pubblicato su *Almanacco di Casabella* 1999-2000, di vari interventi di restauro, tra cui la Chiesa di San Giovanni a Chiaramonte, della sistemazione urbana della piazza Duomo di Chiaramonte e del nuovo edificio per gli uffici tecnici del comune di Ragusa. Con lo studio Architrend ha partecipato a varie edizioni di *Architects meet in Selinunte* che si tiene ogni anno presso il parco archeologico di Selinunte in Sicilia. Ha partecipato alla mostra internazionale *Italy now!* nel 2011, a due edizioni, nel 2012 e nel 2018, della Biennale internazionale di Architettura di Venezia, nell'ambito dei progetti esposti al Padiglione Italia.

After graduating from Florence under Professor Adolfo Natalini, since the start of his career architect/designer Tumino has worked on designing and managing all types of buildings. He founded Architrend Architecture with Gaetano Manganello. The firm's projects, which have been published in a number of national and international magazines, are an expression of their desire to create buildings with a strong architectural identity. The practice's flagship works include a number of detached houses, hotels, public spaces, schools and office buildings. With Architrend, Carmelo Tumino has won several architectural awards, including the Vaccarini Prize for contemporary architecture in Sicily in 2009, the ANCE Catania Prize in 2010 and 2011, and the IN/ARCH Prize for restaurants and designer hotels in 2014 and 2018. The studio also twice came second in the PIDA Prize for newly-built hotels (2014, 2018), won the Metra sistema d'autore Prize in 2011 and 2019, and in 2016 won the CNAPPC RI.U.SO Selection Prize. He designed the sector plan for Ragusa's common and general interest equipment, the IPSIA school complex in Ragusa published in *Almanacco di Casabella* 1999-2000, and various restoration works including the Church of San Giovanni in Chiaramonte, the urban layout of Piazza Duomo in Chiaramonte, and a new building for Municipality of Ragusa's technical offices. With Architrend, he has participated in several editions of *Architects meet in Selinunte*, held every year at the Selinunte archaeological park in Sicily. He attended the international exhibition *Italy now!* in 2011, and took part in two editions (2012 and 2018) of the Venice International Architecture Biennale with projects exhibited at the Italian Pavilion.

Referenze
Showcase

Pubblicazioni / Publications

Platform Architecture and Design, Casa B (dicembre 2019)
Edilizia e Territorio, Casa B (settembre 2019), Alba Palace Hotel (maggio 2018), profilo dello studio (giugno 2010), Villa T (maggio 2009), Architrend Office (novembre 2008), Hotel Villa Carlotta (febbraio 2008), Ampliamento Giardino Ibleo (marzo 2007)
Interni, Casa B (luglio-agosto 2019), *Changing Architecture*, *Butterflies Home* (luglio-agosto 2017), Villa T (luglio-agosto 2009)
Arcipelago Italia, Alba Palace Hotel (giugno 2018)
IoArch, Alba Palace Hotel (n. 74, marzo 2018), *Architettura Oggi!* (n. 65, agosto 2016), MAD Magazzini Donnafugata (n. 55, settembre-ottobre 2014), Cacioteca regionale, Villa T, LBG Sicilia, Architrend Office (n. 48, maggio-giugno 2013), profilo dello studio (n.41, maggio/giugno 2012)
Setup, Villa Boscarino (n. 20, agosto-settembre 2017)
DHD, Villa Boscarino (n. 48, dicembre 2016)
Archipendium, Casa ERNY (novembre 2016), Architrend Office (2014)
L'Architetto.it, *Architettura Oggi!* (luglio-agosto 2016)
Ville&Casali, Casa CFS (marzo 2016), Casa LR (aprile 2015), Villa T (agosto 2010)
Ristoranti, MAD Magazzini Donnafugata (agosto-settembre 2015)
Nuovi scenari urbani, Ampliamento Giardino Ibleo (luglio 2015)
Coolture Magazine, Villa GM (n. 50, luglio 2015)
Harmonies Magazine, Villa T (giugno 2015)
Architetture in acciaio, Villa GM (maggio 2015)
H.O.M.E. Magazine, Casa NL_NF (aprile 2015)
dentroCASA, Villa PM (gennaio 2015)
ddn, Villa PM (n. 208, dicembre 2014), Casa LR (n. 199, dicembre 2013), Villa GM (n. 194, maggio 2013), Architettura e Design in Sicilia (n. 188, ottobre 2012)
revista VIDRO impresso, Villa Carlotta (ottobre 2014)
Raum und Wohnen, Villa PM (aprile-maggio 2014)
Panorama italiano, Villa PM (n. 2, 2014)
Selection of the latest international design, Arpel Store, Primopiano Store (luglio 2013)
DESIGNing Architecture, Villa GM, Villa PM, Villa T (luglio 2013)
Progetti Nazionale, Villa T (n. 6, giugno 2013)
Masters' Interior Design, Pietrenere Resort (Hotel & Bars, marzo 2013), Arpel Store (Retail Space, marzo 2013)
Case & Stili, Villa PM (marzo 2013)
Villas, Villa PM (n. 85, febbraio 2013)
INA International New Architecture, Villa T (dicembre 2012)
Il progetto della memoria a cura di Mariagrazia Leonardi, Ampliamento Giardino Ibleo (dicembre 2012)
Pure Luxury: World's Best Houses: 100 Great Houses, Villa PM (ottobre 2012)
Panorama 3 - Future Arquitecturas, Architrend Office (ottobre 2012)
Architetture per l'ospitalità in Sicilia, Hotel Villa Carlotta, Resort Pietre Nere (2012)
Elite Interior Magazine, Villa GM (2012)
Archi+Scape!, Villa GM (2012)
Villa and New Views, Villa PM (2011)
Home Mag, Villa PM (2011)
Masterpieces: Villa Architecture + Design, Villa PM (2011)
Wide Angles for Boutique Shops, Arpel Store (2011)
Inside / Outside Office Design II, Architrend Office (2011)
1000 x European Architecture, Villa PM (2011)
Progetti e Concorsi, Villa GM (luglio 2011), Villa T (gennaio 2010)
Ottagono, Villa GM (giugno 2011)
Architetture Contemporanee Sicilia, Villa GM, Arpel Store, Villa PM (febbraio 2011)
Rivista del Vetro, Villa T (febbraio 2011)
L'architetto italiano, Villa GM (gennaio-febbraio 2011)
I Love Sicilia, Villa GB (marzo 2010)
Design Review, Architrend Office (dicembre 2009)
CE International, Pelletteria Dimartino (settembre 2009)
Bagno e Accessori, Interno abitazione (agosto-settembre 2009)
ItaliArchitettura, Villa T (2009)
4A magazine, Villa AV (giugno 2008)
Archaedilia, Hotel Villa Carlotta (marzo 2007), Residenze Doriana (giugno 2006)
Architettura Contemporanea in Sicilia, Pelletteria Dimartino, Arpel Store, Hotel Villa Carlotta, Residenza unifamiliare, Iosi Gioielli, Edificio per uffici, Cappella funeraria, Complesso scolastico IPSIA, Due ville unifamiliari, Cooperativa Doriana, Negozio Raimbow, Ampliamento Giardino Ibleo (2007)
Architetti Italiani le nuove generazioni, Complesso scolastico IPSIA (2007)
Giornale dell'architettura, Ampliamento Giardino Ibleo (luglio-agosto 2007)
Rivista Giapponese, Hotel Villa Carlotta (novembre 2007)
Qui Touring, Hotel Villa Carlotta (novembre 2006)
Progetto Hotel, Hotel Villa Carlotta (ottobre 2006)
La Repubblica, Hotel Villa Carlotta (ottobre 2006)
A10, Residenze Doriana, Edificio per uffici (dicembre-gennaio 2004-05)
99 Idee Casa, Interno abitazione (giugno 2000)
almanacco di casabella giovani architetti italiani, Complesso scolastico IPSIA (1999-2000)

Mostre / Exhibitions

16. Biennale di Architettura di Venezia Padiglione Italia
Arcipelago Italia (giugno 2018)
Butterflies Home - Farm Cultural Park, Favara (aprile-maggio 2017)
Changing Architecture, paesaggi e città, il valore dell'architettura
Ragusa, Ponte Nuovo (28-29 ottobre 2016)
Favara, Piazza Cavour (12-30 maggio 2017)
Palermo, Piazza Politeama (18 febbraio-1 marzo 2017)
Architettura Oggi!
Ragusa, Ponte Nuovo (30 giugno-10 luglio 2016)
Ragusa Ibla, Giardino Ibleo (14-23 dicembre 2012)
Architects meet in Selinunte_Sviluppo ed economia: Architetture per il turismo
Castelvetrano Selinunte, Chiesa del Purgatorio (11 giugno 2015)
Qualità dell'architettura italiana - Esempi in Sicilia
Acireale, Palazzo del Turismo (30 gennaio 2015)
Brand Italy Exhibition of Excellence - Doha (10-12 novembre 2014)
Architects meet in Selinunte_off Sicily 3.0
Selinunte, Chiesa del Purgatorio (27-28-29 giugno 2014)
Architects meet in Selinunte_L'architettura che verrà - Selinunte (14-15-16 giugno 2013)
Omaggio alle città invisibili. Ritratti di Architetture - Roma (13 giugno-15 ottobre 2013)
13. Biennale di Architettura di Venezia Padiglione Italia
Le Architetture del Made in Italy (agosto 2012)
Italy Now
Tokyo (2011)
Toronto-Vancouver (2012)
Architetture per l'ospitalità in Sicilia
Ischia (luglio 2012)
Castelvetrano (marzo 2012)
Architetture Contemporanee Sicilia
Architects meet in Selinunte, Selinunte (marzo 2011)
Roma, Casa dell'Architettura (marzo 2011)
Catania, Palazzo della Cultura (luglio 2011)
Trapani, Palazzo della Vicaria (ottobre 2011)
Sicilia-Olanda 2 - Palermo, Galleria EXPA (dicembre 2009)
Città e Società del 21° secolo - Architetture Recenti in Sicilia
Palermo (aprile 2008)
Siracusa (dicembre 2009)
Sicilia Architettura - Chicago (2007)
Sicilia-Olanda progetti di architettura contemporanea - Catania (aprile 2007)
Sicilia architettura 06 - Palermo, Galleria EXPA (giugno 2006)
Architetti Iblei - Ragusa (2006)

Premi / Awards

Premio internazionale di architettura e design Bar/Ristoranti/Hotel d'Autore 2017, Alba Palace Hotel, **vincitore**
Premio Selezione RI.U.SO. 2016, Ampliamento Giardino Ibleo e Recupero dell'area ex centrale elettrica
Premio PIDA 2014 e 2018 Concept Alberghi, Alba Palace Hotel, **secondo classificato**
Premio internazionale di architettura e design Bar/Ristoranti/Hotel d'Autore 2014, MAD Magazzini Donnafugata, **vincitore**
Premio regionale di Architettura IN/ARCH Sicilia - ANCE Sicilia 2014, Villa PM, **menzione**
Concorso di idee per la progettazione di un'opera laddove sorgeva il Chiosco Cinese/Giardino Bellini Catania 2012, **secondo classificato**
XIX Concorso internazionale Sistema d'autore Metra, Villa T, **primo premio**
Premio di Architettura ANCE Catania 2011, Villa PM, **primo premio**
Premio IN/ARCH - ANCE Quarta edizione 2011-2012, Villa PM, **selezionato**
Premio di Architettura ANCE Catania 2010, Restauro Chiesa S. M. La Nova, **primo premio**
Quadranti di Architettura, Premio G.B. Vaccarini ad un'opera di architettura 2009, Villa T, **Primo premio**
Premio IN/ARCH - ANCE Terza edizione 2008-2009, Hotel Villa Carlotta, **selezionato**

Si ringraziano

Soluzioni su misura per la cucina e l'arredamento degli ambienti living.
Tailor-made solutions for the kitchen and living room furnishings.

Progettazione e produzione di infissi in legno, porte e arredi su misura.
Design and production of wooden window frames, doors and custom-made furniture.

KNAUF

Materiali per l'edilizia e sistemi costruttivi a secco.
Building materials and drywall systems.

SicilCima

Sistemi per infissi, facciate continue e altre soluzioni per l'architettura.
Systems for windows, curtain walls and other architectural solutions.

Ringraziamo inoltre per la collaborazione e il contributo alla riuscita di questo volume: i nostri professori, i collaboratori dello studio, i committenti, le imprese realizzatrici, i fotografi, l'editore, la redazione e le nostre mogli.

We would like furthermore to thank the following people for working on and contributing to this book and its success: our professors, our collaborators, our clients, the construction companies, the photographers, the publisher, the editorial staff and our wives.

Direttore Responsabile / Publisher
PAOLO MAGGIOLI

Direttore Editoriale / Editor-in-Chief
CARLOTTA ZUCCHINI

Direttore / Managing Editor
NICOLA LEONARDI

Grafica e impaginazione / Graphic & Editing
FRANCESCO BONVICINI

Editor dei testi / Text Editors
ILARIA MAZZANTI - Italiano
ADAM VICTOR - English

Disegni / Drawings
LAURA COCURULLO

Editore / Publisher
Maggioli S.p.A.
Via del Carpino, 8 - Santarcangelo di Romagna
www.maggiolieditore.it
E-mail: clienti.editore@maggioli.it

Copyright © Maggioli S.p.A. 2020
Maggioli Editore is a registered
brand name of Maggioli S.p.A.
An ISO 9001:2008 Quality Management
System certified company

Drawings © Architrend Architecture

All rights reserved. No part of this publication may be reproduced, adapted, translated, or stored by any electronic retrieval system without express prior written permission. Said rights apply to all countries. The Authors and Publisher decline any and all liability for eventual errors and/or inaccuracies in the texts published or for any modification and/or variation of charts, diagrams and models attached to said texts. While the Authors guarantee the accuracy of their work, they hereby decline any liability for damages arising from the use of the data and information contained therein. The Publisher shall be released from any liability for damages arising from involuntary typing or printing errors.

ISBN: 8891633139

Printed in August 2020 on the premises of Maggioli S.p.A. - Santarcangelo di Romagna